字旅相逢

馮珍今 著

香港文化人訪談錄

匯智出版

目錄

序：相逢浪漫通識路　楊鍾基 IV

詩文腳印深淺路　崑曲傳承樂餘生
古蒼梧專訪 1

結緣《周報》性情真　巧遇「圖靈」竟再生
陸離專訪 17

徜徉文學天地間　身在山中目不閒
張曼儀專訪 41

夢中傳彩筆　花葉寄朝雲
綠騎士專訪 57

穿梭光影裏　馳騁藝文間
羅卡專訪 75

寫作如修行　小說即緣法
施叔青專訪 91

虎度香茶傳新誌　南海春天自有情
杜國威專訪 105

談文學創作與博雅教育
鍾玲專訪 121

創作，是為了尋找自己
黃仁逵專訪... 135

劇場無疆界，從「致群」說起
張秉權專訪... 151

她的電影，就是她的生活
許鞍華專訪... 169

從本土出發而不囿於本土
陳國球專訪... 187

醉心戲劇栽桃李　樂在舞台不言休
鍾景輝專訪... 203

弟子不為為子弟　德藝俱傳傳藝德
阮兆輝專訪... 223

那些人、那些年、那些事
從「香港」到「新中國」三部曲
陳冠中專訪... 241

附錄：各篇定稿日期... 259

後記... 261

* 本書編排以訪問先後為序。

序｜相逢浪漫
通識路

人生如逆旅，與馮珍今在人生逆旅中有緣相遇，是長達數年的中學課程設計會議。要談她的書，也就從課程設計談起。

多年來參與大學通識教育課程的設計和教學，常常思考的問題，就是甚麼是通識教育的理想以至如何實現這些理想。珍今這書的十五篇訪談啟示了理想而浪漫的答案。我總認為，通識教育實不適宜甚或不大可能納入一個課程的規範。理想的通識教育應該是一種薰陶，通過活動，潛移默化，潤物無聲。通識教育施諸課程，應是文化教育、藝術教育、品德教育、興味情趣的培育。具體的教學，身教重於言傳，信任重於規範。循此概觀，珍今訪談的十五位，可以謂之文化人，亦可稱之為理想的通識人。

　　《字旅相逢》雖然只訪問了十五個人，可是字裏行間串連起來的名字，卻不下三百個（這得要佩服珍今從訪談帶出問題和帶出人的功力），構成了一代文化人和互相交疊的文化層。粗略看來，可以找到《中國學生周報》跨世代的承傳，可以看到香港電視界和話劇壇的從無到有，以至演藝界的發展。要為這數以百計的文化人刻畫一幅群像本不容易，可是從珍今筆下的提點，讀者不難體會到香港社會的成長和異域傳經的影響，而最重要的更是這一群拓荒者各具個性、堅毅不屈的探索和創新精神。本書的讀者也不難發現，書中訪談的主角，都不止於做一份工作，而且都有多方面的品味和興趣，而這不正是通識教育的理想目標嗎？

　　回到前面的話題，我們說這一群文化人，也是通識人，而他們的生活正好是通識教育的典範，我對訪問中的兩段話，有特別深刻的印象。一段是鍾玲教授出任澳門大學的院長，志在推動博雅教育、人格教育，以「培養對社會有承擔、富有人文素養的學生」為辦學理想。另外一段是鍾景輝院長談到自小的決志：「到美國念戲劇，已有心理準備，回香港發展，不知道可以做甚麼，我告訴自己『豉油撈飯都無所謂』，這是自己的底線。……在戲劇這

個行業，發展並不容易，最重要緊握自己的興趣，然後堅
持下去。」他大力提倡戲劇教育：「美國在 1994 年已有這
方面的討論，他們認為戲劇、音樂、舞蹈等藝術是人生中
重要的因素，若沒有受過這些教育，便稱不上『完美的公
民』，於是宣佈於 2000 年開始，小學、中學和大學都要有
演藝課程，這就是香港所缺乏的……」

回顧鍾教授和鍾院長所倡導的通識教育、博雅教育、
演藝教育，在現實環境中似乎不免曲高和寡，可是訪問中
活靈活現的一群，卻又雄辯地指證一條「浪漫通識路」！

臨書感發，想起魯迅的名句：「地上本來沒有路，走
的人多了，也便成了路。」浪漫通識路，可作如是觀。

楊鍾基
前香港中文大學中文系教授

詩文腳印深淺路
崑曲傳承樂餘生

古蒼梧專訪

緣起

讀古蒼梧的作品，始於中學時代；正式認識他，是在七十年代末，那時候，《八方》剛創刊。

最近一次見到他，是在 2014 年 12 月 11 日，在香港灣仔藝術中心地庫。那個晚上，一群朋友，坐在 agnès b 電影院內，觀看羅卡監製、陳榮照導演的紀錄片《四人行》。放映完畢後，除了石琪，四位作家中的三位——小思、陸離和古蒼梧，還走到台前，跟我們作演後座談，延續了影片中展開的討論。

就因為《四人行》，牽引出這個訪問。

打開鐵門，把我們迎進屋內的古先生，就像一位熟悉的老朋友。書架上的藏書，大部分是有關戲曲的，其中崑曲尤多。

清晨在竹林中練嗓子……在家中教學生習曲……燒菜給學生吃……《四人行》的片段，在腦海中閃現。

我們坐下來，他泡茶，單欉的香氣在氤氳着。

話匣子打開，談的不是「崑曲」，卻是他近年的寫作。

他近年關注的，是有關國際金融海嘯的問題，還有，資本主義經濟與民主政治的關係等議題。他寫了一系列文

章，本來只在朋友間流傳，但最近卻在網上平台——「灼見名家」上公開發表。

創作——回首說從前

《詩選》與創作

談到創作，當然離不開新詩。古蒼梧在中學時代，已開始創作新詩，第一首詩就發表在《中國學生周報》。

1967年夏天，他與港大、中大的一班朋友，有感於當時新文學的作品散佚凌亂，缺乏資料，想在香港這中間地帶，及時做些文獻整理的工作，由於大家都喜歡新詩，便從新詩部分着手。當時，文世昌是發起人，加上張曼儀、黃繼持、古蒼梧、黃俊東、余丹、李浩昌及吳振明，合作整理1917-1949年的新詩作品，編了兩年，初稿編

　　定後，因港大出版社人事的變動，出版擱置了。最後，由港大、中大兩家出版社合作出版，《現代中國詩選：一九一七——一九四九》正式出版的年份已是 1974 年，因成本關係，售價比較昂貴。

　　後來，他們找到更多的資料，於是再編一本《中國新詩選》，是以青年學生為對象的普及本。當年，余光中在中大教新詩，就用這本詩選作課本。《中國新詩選》的編者為尹肇池，其實就是溫健騮、古兆申、黃繼持的諧音合名。

　　戴天在創建書院辦「詩作坊」，邀請古蒼梧去介紹五四以來中國新詩的發展情況。「詩作坊」的理念，來自美國愛荷華「國際寫作計劃」，形式亦類似，先由學員創作，拿出來朗誦，再由導師及其他學員批評。「詩作坊」辦得多姿多采，很多學員後來都成了知名作家。那時候，他也寫一兩首湊熱鬧，但寫得不多。

　　古蒼梧既有學院訓練，亦具備傳統中國文人的性格，嚮往自由，不受束縛，而且包容性強，有個人的見解，但也不排斥其他人的看法。他認為很多所謂現代派的作品，依據現代主義某些抽象理念仿作，因而淪於虛假。

　　創作，或載道、或言志，都要有真情實意，並以準確

而有創造性的語言表達出來。他一再強調，創作應該是作家對生命的體驗，對人類要有所關注，否則難以動人。

「我寫詩不多！」他說。創作，不能勉強，尤其是新詩。

除了新詩，他寫的更多是散文，還有小說、劇本、崑曲劇本，以及評論。此外，他也翻譯了不少文學作品，例如普魯斯特《追憶似水年華》片段、杜哈絲《中國北方來的情人》、《大西洋人》、保羅・安格爾的《美國孩子》、《舞的意象》等等。

《舊箋》與迴響

聊到近年的創作，他拈出了《舊箋》。2012 年出版的這部小說，引起了不少迴響。故事發生在 1967 年「五月風暴」期間，書中的敍述者分別以序文、書信、注釋等方式講述故事，為讀者提供了三種不同風格文本的閱讀。

「寫這部小說，是為了保存自己及同代人這段火熱的青春記憶，但更強烈的願望，是和年輕的一輩，分享自己在香港這個重要歷史階段的感受。」──小說以半史實半虛構的形式，是為了更自由地談今論昔，方便兩代人的交流。

　　古蒼梧不諱言，他更關切的，是年輕讀者——特別是
八十後、九十後對《舊箋》的感受。至今，他還不時上網瀏
覽內地的「豆瓣讀書網」，來自全國各地的讀者留言，已
有七十多人。

　　看，讀者的回應多有趣——

　　「那些無疾而終、未曾發生的戀情，隨着當事人的消
　　逝，憑着十五封舊箋，之於年青的讀者而言，是一段
　　值得揣度的空間。」

　　「居然是本舊式香港文青版的《祖與占》。」

　　「古老師當不起這書的作者啊，出版者而已。林海媞才
　　是。她寫進了我的心裏，我永遠記住她在 1967 年的夏
　　天，說出我這個二十一世紀青年的心聲。」

　　怪不得「古老師」念念不忘！

編輯——與文字結緣

古蒼梧早年曾與朋友創辦《盤古》、《文學與美術》、《文美》及《八方》等刊物,亦擔任過《文化焦點》、《明報月刊》及台灣《漢聲雜誌》的主編。他強調自己一直都喜歡「文字工作」,因為語言文字與生命有密切的血緣關係。

從業餘走向專業,他曾擔任不同刊物的編輯,訪問那天,談得較多的是《文化焦點》和《漢聲雜誌》。

《文化焦點》

《文化焦點》的內容,主要介紹本地的文化活動,也有一些內容,是針對整個中國文化,而刊物的整體風格傾向思考性。在 1989 年 1 月出版試刊號,免費派發,反應非常好。2 月中正式創刊後,定價十元,在當時來說,可能較為昂貴,因而影響了銷路,結果只辦了五期便停刊了。

這份刊物,是邵善波出資創辦的,他比較關注政治問題,所以刊物也加入了這方面的內容。刊物的資訊很豐富,在國際版上轉載大陸的《參考消息》,報道有關第三世界、歐洲的消息。當時發表了王若水一篇重要文章,是關於鳴放運動前夕,毛澤東召見他,討論知識分子問題。

他亦約了戴晴寫《武訓傳》導演孫瑜受到批判的前因後果，
可惜文章未及發表，刊物便停辦了。

　　當時文化界相當關注這份刊物，希望它成功。可惜，
當時投資人的經濟策略未能配合，結果失敗告終。古蒼梧
亦感到很惋惜，他認為這份刊物若免費派發，可以有存活
空間，但需要具備三個條件：其一，要有強勢的廣告業務
班底；其二，前期需一定的投資，印刷必須精美；其三，
內容避免太有爭議性的政治議題。1989 年那段時間，參
與文化活動的多屬中上層社會的人，一些高檔產品，如汽
車、名牌時裝、首飾、化妝品，以及表演藝術演出的宣傳
和相關產品，如唱片、樂器、書籍等，都可在刊物賣廣
告，靠廣告的收入，就可以養活刊物。

《漢聲雜誌》

　　加入《漢聲雜誌》之前，古蒼梧在 *Time Life* 中文部做
了大半年，但因工作比較機械，只有出版社的取向，而無
編者的創意，所以他便離開了。

　　Time Life 有一本編輯手冊，編輯按本子辦事即可，每
本書都一樣，毫無個性可言。《漢聲雜誌》卻完全不同，每
一本書都可以有不同的處理方式，對他來說較有挑戰性，

而且《漢聲雜誌》的負責人很尊重中國傳統文化，尤其是在
中國傳統民間文化方面，讓他大開眼界。

古蒼梧在《漢聲雜誌》編了四套書，通過採訪和編輯，
認識到中國民間藝術的博大、精彩、深厚。「這是最大的收
穫」——因為他以往接觸的，全屬上層社會的文化。接近
兩年的工作經驗，在採訪編輯的過程中，他學習了更多東
西，令他對中國文化有一種新的視野、新的看法，整個人
對文化的認識都擴闊了。例如訪問台灣的原住民村落，觀
看他們的「播種祭」，便很有感受，那是一種生命與生命的
交流，影響了他對世界的看法，以至做人的態度和方向。

崑曲——踏上不歸路

走向崑曲

「走向崑曲，是性格使然。」古蒼梧說。

他隨遇而安，因緣際會，踏上了這條不歸路。

他自小便喜愛文學與音樂，而崑曲正是文學與音樂的
混合體。在諸聖中學念書時，已有當歌唱家的心願，學唱
崑曲，對他來說，是「圓夢」，重續對音樂的「不了情」。
眾多戲曲中，愛上崑曲，是因為它與古典文學的關係最密

切，遠勝其他劇種。崑劇涵蓋的東西很豐富，在中國戲劇中，它最具代表性、典範性，它幾乎無所不包——音樂、詩詞、歌賦、舞蹈、演唱美學。他認為年輕的一代學習傳統文化，崑曲是最好的媒介。

崑曲歷史悠久，至今已活了五百多年。2001 年，聯合國教科文組織把崑劇列為「口傳非實物人文遺產傑作」。

他對崑曲的推廣，已超過二十年。

1989 年 11 月，六大崑班在香港文化中心演出後，大約在 1990 年，一群熱愛崑曲的人，其中包括古蒼梧、黃繼持、劉楚華等人，在香港中華文化促進中心，成立「崑曲小組」，展開了推廣崑曲的工作。

崑曲，跟其他地方戲曲一樣，都來自民間，然獨得文

人所愛，雅化後便成為了戲曲中的典範。

古蒼梧告訴我們，崑曲從來不普及，是小眾的精緻文
化，當時的達官顯貴、文人雅士，在家中蓄養家班，以備
隨時看戲。家班，即家庭戲班，由私人在家中蓄養童伶，
延師教習，專為家中演戲之用。家班多為崑曲班，是明清
時崑曲演出的主要形式，有點像歐洲十七、十八世紀的室
樂，非常貴族化。

當時的文人，既有理論的總結，亦有劇本的創作。然
而，所謂「戲以人傳」，單憑文獻資料，並未能將舞台藝
術的精粹保留下來。

他坦言，崑曲這種精緻的藝術，實在難以推廣，只能
「就自己可以做的範疇而做」。

藝術實踐

迷上崑曲後，欣賞之餘，古蒼梧還身體力行，既學崑
笛，也習清唱。笛子是崑曲主要的伴奏樂器，「浙江崑劇
團」的一位笛師韓建林先生，曾送他一支笛子。他沒拜師學
藝，只憑聆聽「上海崑劇團」顧兆琪老師的錄音而自學，
每天花一至兩小時練習吹笛。

至於清唱，他最初追隨樂漪萍老師學習，其後亦向

多位當代名家請教。唱崑曲講究真假嗓結合，他原沒有假嗓，苦心練習，磨練了三個月，才找出假嗓來。談到演唱理論的探討，他從書架中取出了一套四冊的《崑曲演唱理論叢書》，這套叢書，包括明清四位最重要曲家的著作：魏良輔《曲律》、王驥德《方諸館曲律》、沈寵綏《度曲須知》和徐大椿《樂府傳聲》。他把這幾種崑曲演唱的重要文獻重新注釋，並與余丹合作英譯。

為甚麼要重新注釋呢？他的解釋是「想通過這一代人對崑曲演唱的了解，再加注釋，期望從藝術實踐的角度解釋其理論，讓崑曲習唱者，以至愛好者得到啟發」。

這套叢書，是一項研究計劃的成果，古蒼梧在香港大學念完博士學位後，申請研究經費，進行博士後研究，歷時四年才完成。這個計劃最大的突破是英譯，因為很多崑曲的理念是很難翻譯的，例如「唱腔」一詞，「腔」字是漢語特有的，因為先有「字腔」才有「唱腔」。甚麼是「字腔」？他娓娓道來──「字有發音的過程，漢字雖然是一個音，但發音過程較複雜，從頭音到腹音再轉到尾音，在這個過程中的口型發音位置有比較複雜的變化。將字腔的發音過程轉為富旋律性的唱腔時，需要互相配合，就像執着毛筆在口腔內畫畫，也有虛實濃淡……」，所以

「唱腔」涵蓋的東西就複雜多了，翻譯時，就要創造一個名詞，對譯者來説，也極具挑戰性。

劇本寫作

除了研究崑曲，古蒼梧也是崑劇劇本的改編和創作者。

他先為「浙江崑劇團」改編《牡丹亭》上下本，由汪世瑜、王奉梅主演。其後，應「浙崑」團長林為林之邀，寫了《暗箭記》，取材自《東周列國志》中公孫子都的故事，是個半創作半改編的劇本。

他為「上海崑劇團」改編了《蝴蝶夢》，由四位著名的演員——梁谷音、計鎮華、劉異龍和侯哲，分別飾演十個角色。這三齣戲，在香港演出時，我也去欣賞過。此外，他還改編了《紫釵記》，仍未上演，大家都期待着。

家中授徒

這幾年來，因身體關係，古蒼梧都在家中授徒。他認為教學是互動的，學唱，最初是停留在模仿階段，有些模仿不到的地方，要幫助學生把原因找出來，把道理説清楚。

在這個過程中，對整個演唱方法需要更細密的思考，才能掌握得更好，並有所提高。所謂「教學相長」，他強調自己也有得着，甚至個人的增益更多。

教曲之餘，他還親自買菜、下廚，請學生吃飯。他說這是傳統，崑曲老師除了不收學費，還要照顧學生。

就像明清時期的文人一樣，對於崑劇，他情有獨鍾，既研究崑劇，也寫作劇本，還教授學生。對於崑劇的傳承，他認為了解得愈深入，便愈能將其精髓保存下來。

餘韻

剛認識古蒼梧的時候，他是詩人，大家都喚他作「古詩人」。眼前的他，已沉浸在崑曲的世界裏，很多人都稱他為「古老師」。

在生命的不同階段，有不同的發展，數十年來，在文化藝術的天地中，他不懈的追尋，不斷的求索，從現代轉向古典，從新詩走向崑曲，但在我的心目中——他仍是不折不扣的「詩人」！

---

* 頁1、頁10、頁13、頁15圖片，由劉國輝提供；頁3、頁6圖片，由陳榮照提供。謹此致謝。

梅關古道上，古蒼梧在梅花樹下留影。

古 蒼 梧 簡 介

古蒼梧，本名古兆申，廣東高州人。早年
與友人黃繼持、張曼儀等整理研究新詩
資料，合編《現代中國詩選》、《中國新
詩選》等書，並與詩人戴天在創建學院
開辦「詩作坊」，提倡新詩創作。近年
熱心於崑曲研究及推廣，並參與舞台
製作，創編崑劇《暗箭記》（浙江崑劇
團製作演出），改編崑劇《牡丹亭》上下
本（浙江崑劇團製作演出）、《蝴蝶夢》
（上海崑劇團製作演出）、《紫釵記》（浙
江崑劇團製作演出）等。早年與友人創
辦《盤古》、《文學與美術》及《八方文藝
叢刊》等刊物，曾任《漢聲雜誌》主編、
《明報月刊》總編輯。著有詩集《銅
蓮》、《古蒼梧詩選》，隨筆散文《備忘
錄》、《祖父的大宅》，評論集《一木
一石》、《書想戲夢》，研究專著《今
生此時今世此地──張愛玲、蘇青、
胡蘭成的上海》，小說《舊箋》等，另
與余丹合作翻譯注解《崑曲演唱理論
叢書》。

余健霖攝

結緣《周報》性情真
巧遇「圖靈」竟再生
陸離專訪

緣起不滅有前因

六十年代中期，我還是個中學生，陸離當年正是《中國學生周報》的編輯。

記憶所及，《周報》逢周五出版，但九龍城的報攤，周四便開始發售。我正好在九龍城上學，每逢星期四，放學後，便跑到報攤前守候，手上捏着一個「五毛錢」的硬幣，熱切企盼着《周報》的出現。

因為陸離，我愛上杜魯福、迷上花生漫畫，還有莫札特。

古蒼梧說陸離是「癡心欣賞家」——對於她癡迷的人和事，她竭盡心力，熱情推介。

例如畢春芳、戚雅仙主演的上海越劇、黃子華早期的「棟篤笑」，陸離無不多方推介，甚至自掏腰包，買票請相熟的朋友觀看。她的熱忱，完全令人沒法抗拒。

「喜歡便喜歡，不要問為甚麼。我全憑直覺去喜歡，很難解釋。」這就是陸離！

認識陸離已多年，見面的次數並不多。

這次約她做專訪，她雖然一口答應，但堅持要在電話詳談。

陸離出名怕見人，如今還自稱「宅姥」，我只好「從善如流」。

　　結果，我們連續談了多個晚上，每晚談到凌晨。雖然大病初癒，她卻愈談愈精神，而且中氣十足，說起話來，浩浩乎如長江大河，而且支流甚多，愈飄愈遠……

　　在第一晚，她先說出她的感受——「我覺得我以前『一事無成』！」

　　甚麼？我嚇了一跳……她為我們這一代推介了最好的東西，怎能說一事無成！

　　且聽她道來：「以前在《周報》，在《文林》，無論是杜魯福，還是花生，都是因為有一份工，才會去做，如果沒有這個『地盤』，我可能不會做！」

　　「『圖靈』卻是我主動去做的……自此，我學會了『肯定』自己。」她繼續說下去。

《中國學生周報》內頁

細說《周報》話平生

今時今日,訪問陸離,怎能不談「圖靈」!

不過,沒有過去,哪來現在?我們還得細說當年……

陸離,原名陸慶珍,最初在「寶覺」念小學,兩年後轉往「聖保祿」,一念六年,高中考入聖保羅男女中學,畢業後,念了兩年「英文特別班」,然後考進新亞書院中文系,副修哲學與外文。

她在中學時,已投稿到《人人文學》,以及其他青年雜誌。陸離這個筆名,還是倪匡給她改的,她嫌「光怪陸離」不好,最初很抗拒,後來接受了,一直沿用至今。

1958年,她在新亞念一年級時,得孫述宇的推介,開始在《周報》當兼職,編英文版。新亞畢業後,她入讀羅富國師範學院,準備當老師,豈料在實習時,已給嚇倒了,只好逃之夭夭。結果,她跑進《周報》,轉為全職編輯,專心寫散文、評論、採訪。至1972年,「整個世界都改變了」,才正式辭職。

說起《周報》,這份為學生而編的報紙,真是香港文化界的一個傳奇。1952年創刊至1974年停刊,出版了22年。據說《周報》當年的高峰期,銷量多達兩萬五千份,不

能不說是個奇蹟。

那些年的「文青」，誰不看《周報》？電影版的羅卡、石琪、金炳興，文藝版的西西、杜杜、綠騎士，「快活谷」的劉天賜、少雅、披圖氏，當然還有戴天、小思、古蒼梧……他們所寫的，就像清泉活水，將無數的青年人，引進了電影、文學、藝術，以至戲曲的天地。

陸離說《周報》最可愛之處是「園地公開」。唐君毅也好，中學生也好，都可以為《周報》寫稿，「只要你的稿寫得好就可以了」。當時的《周報》，為年輕人提供了一個平台，孕育了不少文藝的愛好者。編輯與作者、讀者的關係非常密切，經常通信，甚至有交往。陸離鼓勵了不少新人，如李金鳳，十四歲時寫詩，便一鳴驚人，陸離就請她吃雪糕。

吳宇森說，因為陸離，他才認識法國新浪潮電影。她大力推介杜魯福的電影。為了杜魯福，她念法文，翻譯他的劇本，和他通信長達十四年……還與友人合資買片。1972年，陸離剛辭去《周報》工作，毅然拿出三千元離職金，和莫玄熹、李亦良合資買下《偷吻》的五年版權，在利舞台周日放映特別早場。

刊於《文林》的
「花生漫畫小專輯」

　　鄧小宇曾寫過，如果他和陳冠中拍電影，一定要將片子獻給陸離。因為，陸離在他們心目中，比任何一位大師更重要。

　　不得不提，陸離，是第一個將花生漫畫翻譯成中文的人。她感謝「新亞書院」來自耶魯的英文老師 Mr. Eckart，將花生漫畫介紹給學生。陸離從此着迷，她寫信給作者舒爾茲，得他同意，在《周報》轉載花生漫畫。直至 1980 年《星島晚報》取得版權，她便開始試譯「花生」。

　　離開《周報》後，在宋淇力邀下，陸離加入了《文林》當編輯，最為人津津樂道的是第九期的「杜魯福專輯」，竟長達 38 頁，還有第十三期的「花生漫畫小專輯」，亦有 23 頁。一年之後，《文林》停刊，她離職後，便退下來。除了在 1981 年客串了一年《香港時報》文藝版編輯，便沒全職工作過，深居簡出，偶爾撰寫雜文、影評，也從事翻譯。

　　縱使沒全職工作，但她仍然很忙，忙於蒐集資料。每日訂閱多份報紙，將關心的議題資料剪存，致力研究她的至愛。她在鰂魚涌的家，擺放着一堆堆舊報紙，資料、剪報堆積如山。

不平則鳴半歸隱

陸離愛憎分明，亦勇於抗爭。其中一項壯舉，就是「護邊行動」，大概在 1996 年，部分報章開始改用減邊字。眼見「手錶」變作「手表」，「癮君子」寫成「隱君子」，「緣份」化為「緣分」，陸離氣得七竅生煙，於是行動起來，聯絡不少朋友，加入戰線，最終贏了漂亮的一仗。今天你手上的「身份證」，未改為「身分證」，她功不可沒。

大家都知道，陸離愛作不平鳴，也絕不妥協。資料證實，中國電影出版社的《中國電影發展史》將黎北海導演兼參演的《莊子試妻》（1913 年）誤寫作黎民偉編導。其後，黎北海作為「香港電影奠基人」的貢獻亦遭埋沒，於是她搖旗吶喊，全力支持廣州中山大學的周承人老師、李以莊老師，誓要為黎北海討回公道。

為了紀念離世廿載的杜魯福，陸離協編難產的《杜魯福逝世 20 週年紀念專集》，延遲到 2005 年 5 月才面世，她還為此致歉。

「兩輪超勞終累倒，徘徊生死四年份」——在 2006 至

2009 這四年，因為心臟病，她躲在家中休養，幾乎足不出戶，一班朋友都很擔心她。

2010 年是轉捩點！

她在《蘋果日報》發表了一篇文章〈提問？答問？疑問？——淺談梁文道〉。

「我花了半年時間，集中細讀了手邊梁文道的作品，然後才寫這篇文……」陸離說。

她寫了三千多字，將梁文道寫文章、當主持的粗疏錯漏逐點羅列出來。文章刊登後，得到了極大迴響，難得的是，梁文道很客氣，親自撰文承認自己的錯處。

退隱多年，不鳴則已，一鳴驚人。

2010 年 9 月，她在《蘋果日報》寫起專欄來，欄名就喚作「圖靈集」。

圖靈國裏喜重生

「大約在 2000 年，我買了幾本中英對照的科學家傳記，是遼寧教育出版社出版的青少年讀物，其中一本介紹我完全不認識的圖靈，以及我非常害怕的計算機（電腦），我一看便為他的悲劇着了魔。」這是緣起。

正式投入圖靈的世界，卻是 2010 年。

那年，陸離開始加入臉書。

2010 年 6 月 23 日，圖靈生日，她試寫了一段文字介紹圖靈，上載時卻亂了碼，正手忙腳亂之際……忽見臉書上彈出來一位「美哉少年」卞小星，比她更早一天轉貼了 Andrew Hodges 厚厚《圖靈傳》的封面，附三言兩語，一矢中的，間接救了她！

一頭栽進了「圖靈國」，從此，一切都不同了。

「因為不懂，更加高山仰止。」——遇上圖靈，令她重生！

自此，推廣當時少為人知的圖靈，成為了陸離生命中最重要的一部分。其勁道、其熱情，比起六、七十年代，毫不遜色，而且愈戰愈勇。

陸離在《蘋果日報》的專欄「圖靈集」，從 2010 至 2012 年，寫了一年零八個月，其中有三十多篇，是關於圖靈的。

圖靈，何許人也？如果你看過電影《解碼遊戲》，你準知道。當然，電影中的人物，經過藝術加工，跟歷史中的圖靈，不盡相同。

據陸離介紹：「圖靈（1912-1954），是英國天才數學家，二次大戰『解碼英雄』，現代電腦先知，『人工智能』

總設計師……」事實上，正如一位科學家在「圖靈年網站」感嘆：「沒有一個科學範疇，圖靈不曾着手研究，而成績震撼，影響深遠。」

1952 年，圖靈因同性戀觸犯當時法律，他選擇接受雌激素注射，代替入獄，身心大受打擊。最後在 1954 年 6 月 7 日，「咬毒蘋果而死」，終年 42 歲。正如陸離所說：「如果圖靈能多活 20 年，甚至 40 年，我們試想像一下，他的貢獻會有多大。」

2011 年 6 月 23 日，圖靈第 99 個生日，卞小星在臉書上，為圖靈寫了一首詩，還說：「今天打開電腦，不要忘記他呀！」這就是「圖靈詞」。年底，陸離替他譜上「圖靈曲」，從此邁進作曲的世界。

紀念圖靈展繽紛

2012 年，圖靈誕生 100 周年。

「圖靈年」開始了！

為了紀念圖靈，陸離又譜了兩首「圖靈歌」——陸游〈詠梅〉、柳宗元〈江雪〉，後來加上白居易的〈長恨歌〉(尾八句)，合稱「圖靈寓」三首，她還親自試唱，藉此反映圖靈的孤獨寂寞。

圖靈詞　作者：卞小星（2011-06-23，圖靈第 99 個生日.）

「今天打開電腦，不要忘記他呀！」

沒有他，沒有你！

他是電腦之父，你是電腦之子！

沒有他，打不了機，打不了字！哪來 FB？

縱有圖啊，靈不附爾！

圖靈先知，落寞同志！

不甘因 Gay 定罪，咬毒蘋果而死！

6 月 23 冥壽，終年 42！

蘋果 LOGO，為他鑄誌？？？

Apple 缺口，惹人深思！

思之心如刀刺！

思之心如刀刺！

作詞 original poem now lyrics：卞小星 Bean-Sing（Bin Siu-Sing）.

譜曲 music（matching the poem word for word）：　陸離 Loke Lay.

編曲 arrangement and digital harpsichord：　Ben Cheung.

主唱 singer：馮夏賢（啤老師）　Fung Ha-Yin（Tutor "Beer"）

監製 producer：鍾志榮 Chung Chi-Wing.

圖靈詞

陸離最欣慰的，莫過於找到了一群志同道合的戰友，如黃劍翹、楊月波、傅慧儀等，為圖靈搞了一連串的紀念活動。其中一項，是在香港藝術中心舉辦「圖靈展覽」，展期由 6 月 13 日至 30 日，展品有漫畫、書法、對聯、油畫等。他們還在 6 月 23 和 28 日兩天，舉辦了「圖靈誕生 100 週年紀念小派對」，黃子華也來當義工，做了八分鐘「棟篤笑」，至今在 YouTube 上的點擊率，已超過五十萬。

早在 2011 年，陸離已寫信聯絡了英國的官方網站負責人 S. Barry Cooper，故此「英國官方網頁」亦刊出了「圖靈年在香港」的消息。

2013 年，英女皇終於頒下特赦令。不過，陸離強調，圖靈根本沒有「罪行」，何需「赦免」？

2014 年，圖靈逝世 60 周年。由香港 BeWoks 設計代表 60 的「鑽石花」，被「英國皇家學會」和雷丁大學選取，用來製作「圖靈測試比賽」的紀念杯。意念來自陸離的多張「圖靈電子卡」，亦上載於英國官方網站的頭版。傅慧儀在香港電台「講東講西」中曾提及此事，說香港的圖靈迷都很開心，亦因此而感到驕傲。

陸離在三年前已計劃出版「圖靈書」，包括《圖靈靈圖油詩集》、《圖靈繪本》，以及《圖靈紀念文集》，現仍在努力

Echoing ...
2012 Alan Turing Centenary ...
in His 2014 Diamond Departure Year...

From Innocence ...
(With or Without)."Royal Pardon,"...
to "The Imitation Game" ...
Welcome to 2014 Alan Turing Year !

B 612

2014 NEW YEAR GREETINGS
FROM S. BARRY COOPER FOR "TURING CENTENARY ADVISORY COMMITTEE".
ECARD DESIGN BY LOKE LAY AND BEWOKS, HONG KONG.

「電腦之父」艾倫圖靈 · Alan Turing (Father of Computer Science)

2012 艾倫圖靈誕生一百週年
紀念小型展覽

2012 "ALAN TURING CENTENARY"
COMMEMORATION MINI-EXHIBITION

本展覽目的在紀念
「電腦之父」艾倫圖靈
誕生一百週年及向大眾廣傳
圖靈的貢獻與悲劇的一生

The aim of this exhibition is to commemorate
Alan Turing (Father of Computer Science)
Centenary and to promote public awareness
of Alan Turing's contribution and his tragic life

日期： 2012年6月13日 – 6月30日
時間： 上午10時 – 下午8時#
若壽臣劇院進行演出，三樓實驗畫廊開放時間將會稍作更改
地點： 香港藝術中心三樓實驗畫廊
免費入場
*逢星期日下午二時至四時有專人導賞介紹
青蘋果作者：卞小星

Date: 13.06 - 30.06. 2012
Time: 10 am – 8 pm#
#Opening Hours of 3/F Experimental Gallery will adjust if Shouson Theatre has a performance.
Venue: Experimental Gallery, 3/F, Hong Kong Arts Centre
Free Admission
*There will be guided tour on the exhibits every Sunday 2-4pm
Image courtesy of Bin Siu-Sing

中，看來會是《杜魯福逝世 20 週年紀念專集》的一個變奏。

圖靈迷設計的「圖靈 Tee」，如今已成了陸離的身上衣。每次見到她，一定會見到她穿上的「圖靈衣」。

人事盡了唯天問

人生無常，2015 年 1 月底，陸離確診得了舌癌，2 月初做手術，幸好癌細胞未擴散，而她康復得很快。3 月 2 日，她去覆診，回來後創作了一首長長的〈覆診歌〉（見附錄），以 152 句打油詩細說生平，當中亦道出了她的「宇宙觀」。

陸離強調，絕非人人有良知，有人行善，有人作惡。有暴君大規模殺人，如希魔；亦有組織嗜好殺戮，如伊斯蘭國，甚至有人無端殺人，如台灣大學生鄭捷，在「捷運」隨機殺人。

究竟「宇宙」本身有無感覺？「看破生死有何難？死前酷刑最殘忍。全身插管又癱瘓，『宇宙』安的甚麼心？」這是陸離的「天問」——一切隨機，還是事出有因？「觀其『規律』非盲無，觀其『混沌』又昏昏。」

唯有盡人事，聽天命——「苦中作樂努力笑，嘻嘻哈哈過日辰」！

哲學茶座論人生

畢竟是唐君毅、牟宗三先生的弟子，談及哲學，陸離告訴我，在藝穗會「香港哲學咖啡館」的影響下，2012年11月，她與喬奕思、章彥琦三人，在尖沙咀青年會，開始了第一次「哲學茶座」，每人談二十分鐘。章談「宇宙第一因」，喬說「真實與虛妄」，陸講「簡易性教育」，她原本打算由「性教育」談到圖靈「同性戀」，可惜，因時間不夠（她又遲到了），所以，就此打住。

差不多兩年後，第二次茶座移往北角森記書店，因為店主「阿琁」亦有興趣參與。這次，喬奕思沒來，章彥琦帶來的師兄林達峰談「哲學的定義」，陸離講禪宗「神秀與慧能之辯」。

陸離強調「哲學茶座」會辦下去，還會舉行第三次。

「你有興趣，也可以來。」她補充說。

雅唱小敍覓知音

為了「圖靈」，陸離開始譜曲，也開始試作圖靈喜歡的「打油詩」，還與黃志華、韋然等發起了「粵語詩詞雅唱小敍」，由實幹派韋然主其事。自2013年12月至今，已

舉辦了九次。「雅唱小敍」多在香港公園樂茶軒舉行，有時會在幾位音樂老師的工作室，甚或在龍華酒店中演出。

「我參加了七次！」陸離喜孜孜的告訴我。

2014 年，因雨傘運動，「雅唱小敍」暫停，於 2015 年 10 月在牛池灣文娛中心的小劇場再起動，首次嘗試在舞台上演出。韋然請來著名音樂唱作人潘健康老師協辦，粵劇名伶陳嘉鳴亦答應了，演唱陸離三首「圖靈寓」。

餘音裊裊永在心

跟陸離在電話上的訪談結束後不久，我們終於見了面。

第一次，我陪她到古蒼梧家聽曲，唱的就是她譜的新作——納蘭容若的〈長相思（山一程）〉、李清照的〈聲聲慢（尋尋覓覓）〉。古老師邊教邊唱，還吹笛，學唱歌的是兩位年輕的朋友。我們靜靜的坐在一旁欣賞，真有點「雅唱小敍」的況味。

另一次，石琪陪她去覆診，我在診所樓下的快餐店等他們。黃昏的快餐店，人不多，我們聊了一陣子，還拍了一張合照。然後，我隨着他們，坐地鐵到鰂魚涌，送她回家。在金鐘地鐵站入閘前，石琪二話沒說，將陸離身上掛

古蒼梧

西西

黃子程

岑逸飛

吳平

小思

黃韶生

石琪

陸離

陸離結婚照

着的袋子，掛到自己的身上。夫婦倆的默契、石琪的體貼，
自自然然地流露出來……

記得陸離說過，加入《周報》最大的成就，就是嫁給石
琪。兩人相遇相知於《周報》，1969 年結婚，相伴相依數十
年。身邊的朋友，都說他倆是「天作之合」。

我想，如果沒有石琪背後默默的支持，陸離還會是陸
離嗎？

認識陸離，始於《周報》，那時的陸離，跟現在的陸
離，其實分別不大。她的率性、她的認真，始終如一。無
論是對昔日的杜魯福，還是今天的圖靈，莫不如是。

陸離與作者

　　陸離曾自擬「墓誌銘」，銘曰：「這裏躺着一個迷癡
癡，她終生是個癡癡迷」。

　　不管是「迷癡癡」，還是「癡癡迷」，在我的心目中，陸
離就是陸離，永遠不變！

* 　本文圖片由陸離提供，謹此致謝。

附錄

〈覆診歌〉（宅姥陸離試油，香港）
自由粵韻，古體油，鑄句 152。

三月二日星期一，宅姥張羅去覆診。
忽然動念寫油詩，感謝親友慰問殷。

敏儀[1] 捎訊加拿大，圓圓[2] 戴天[3] 胡菊人[4]。
電郵錄像雪片至，腼腆提筆重千斤。
未若油詩天馬飛，可能失控冀容忍。

　　　　　*　　　*　　　*

回說覆診兩週前，鰂魚涌往金鐘行。
醫務所在銀行區，名醫名叫林禮根。
耳鼻喉科兼整形，病者絡繹多白人。
亦有兩岸操國語，小童傷臉補疤痕。

宅姥舌癌小手術，順驗淋巴左頸深。
驗證癌胞未擴散，大抵三月可嚥吞。
復需半年學講話，人事盡了唯天問。

最喜醫院「聖保祿」，明朗乾淨不沾塵。
亦是宅姥前母校，六年校友有前因。
小學三年又初中，天主儀式腦深印。

之前三年日侵港，「寶覺」兩年另修行。
「東蓮覺苑」是別名，何東夫人有佛心。
「跑馬地」是平安地，愧對戰火蹣眾生。

婆婆教背「長恨歌」，爹媽督讀「幼瓊林」。
「東蓮覺苑」擅啟蒙，教完平仄教孔孟。
日日禮拜三寶殿，誦佛悠揚樂沉吟。
佛堂兩年匆匆過，戰後人事有變更。

兩年日文全忘記，入讀「保祿」學國音。
國語其實不難學，天主「要理」一一陳。
修女溫婉神父博，節日抬像去遊行。
「大堂」半山在堅道，美奐莊嚴有香熏。

轉瞬六年無高中，唯有轉校奔波頻。
有幸考入「聖保羅」，高中三年亦福份。
「聖公會」似天主教，男女同校新鮮感。
正式研讀新舊約，深愛「聖經」舊譯文。
朝朝早會聽演講，聖詩一首合唱勤。
音樂老師鍾華耀，男女混聲多冠軍。

近年縱有「男女拔」[5]，「聖保羅」幸聲名穩。
難忘「英文特別班」，「金文泰」展夢繽紛。

然後考入我「新亞」，中文哲學涉獵均。
有緣親炙錢唐牟[6]，立雪四年是師生。

牟師是個老頑童，「亞視」紀錄好緣份[7]。
進修師範「羅富國」，逃學家訪柳存仁。

「中國學生周報」好，末代社長林悅恆。
好好先生書法家，自由開通全放任。

忽然幸遇朱旭華，「香港影畫」創辦辛。
忽然奉召入「星島」，宋淇授命編「文林」。

過勞抑鬱早退休，貓殤成疾半歸隱。
「香港時報」玩客串，百花文藝有易金。

「香港國際電影節」，客串客串玩接生。
繼續揮旗啦啦隊，「黎北海案」要鈎沉。
「黎氏兄弟」[8]獲平反，李以莊協周承人[9]。
忽又紀念杜魯福[10]，離世廿載再招魂。
兩輪超勞終累倒，徘徊生死四年份。

忽爾巧遇「圖靈年」[11]，魂魄歸來竟再生。
一頭栽進「圖靈國」，朝朝暮暮證「摩琴」[12]。

*　　　*　　　*

回望一生匆匆過，天主基督兩相親。
佛始佛終儒釋道，始終難明義與仁。
正負分明半溝半，有序同時亦混沌。

絕非人人有「良知」，有人「虐殺」最歡欣。
亦有組織嗜殺戮，大小規模任他行。

挪威「公義」殺百童，台灣刀刀拮「捷運」。
有人行善有人惡，未知是否源基因？

眾生份屬「大宇宙」，都是祂的「一部份」。
希魔來自「大宇宙」，毛酋難道自己生？

看破生死有何難，死前酷刑最殘忍。
全身插管又癱瘓，「宇宙」安的甚麼心？

地心甲烷頻爆炸，火山噴發又地震。

觀其「規律」非盲無，觀其「混沌」又昏昏。

「宇宙」所作又所為，究竟「宇宙」有無感？
何時決定有眼睛？何時決定有腦諗？

抑或一切隨機變？思之似亦不可能。
有序無序何玄奧，人類渺小怎去跟？

最驚遇到神經漢，自殺之前先殺人。

神經漢說「我無錯」，「我是宇宙一粒粉。」

先天後天都能惡，文鬥武鬥鬥憎恨。

少少「善美」算補償？可知有人長厄困？

無償行善不容易，天國涅槃最吸引。

危機四伏秒秒驚，有得震來無得瞓。

苦中作樂努力笑，嘻嘻哈哈過日辰。

幸有圖靈愛油詩，疊影摩琴隔世恩。

1　張敏儀，前廣播處處長。
2　圓圓，《明報》前編輯。
3　戴天，詩人。
4　胡菊人，《中國學生周報》前社長。
5　男拔萃、女拔萃。
6　錢穆先生、唐君毅先生、牟宗三先生。
7　牟宗三紀錄片，陳寶珣編導。
8　香港電影先驅，黎北海、黎民偉。
9　廣州中山大學的香港電影史學者。
10　杜魯福（Truffaut），法國電影新浪潮先鋒。
11　圖靈（Alan Turing），電腦科學之父、人工智能之父、二戰解碼英雄。
　　1952 年因同性戀被判罪。化學閹割後，1954 年含冤神秘死，年僅 42 歲。
12　摩琴（Christopher Morcom），18 歲半，中學未畢業，便因肺病夭逝，
　　是圖靈一生至愛。

陸 離 簡 介

陸離，原名陸慶珍。祖籍廣東高要，1938 年在家鄉
出生，滿月後逃避戰亂來港。1958 年入讀新儒家
「新亞書院」中文系，得孫述宇引介加入《中國學生
周報》半工讀，畢業後轉當全職編輯，初期負責英文
版，後來兼編「快活谷」、「藝叢」、電影版等。七十
年代初期，香港社會急劇變化，刊物銷量日漸下降，
她最終於 1972 年 4 月請辭，同年 10 月協創宋淇主
編之星島報業《文林月刊》。六十年代中期亦曾兼職
協創朱旭華主編之《香港影畫》，並於 1976 年義務協
創第一屆「香港國際電影節」。1981 年客串《香港時
報》文藝版編輯一年，此後再無全職工作。她先後於
《新生晚報》、《快報》、《星島日報》、《星島晚報》、
《香港時報》、《蘋果日報》等撰寫雜文、劇話、影
話。曾在《星島晚報》試譯十年「花生漫畫」，在《香
港時報》試譯十年杜魯福、尚雷諾亞、利勞殊電影劇
本、《吸血殭屍德古拉》、《科學怪人》等。文章從未
結集出版。2005 年協編並自資出版《杜魯福逝世 20
週年紀念集》。現正計劃自資出版《杜魯福逝世 35
週年紀念集 (2019)》、《2012 圖靈誕生 100 週年文
集》、《圖靈繪本》等。

徜徉文學天地間
身在山中目不閒
張曼儀專訪

訪問那天，天氣稍涼，微微有點秋意。

車子飛馳在薄扶林道上，窗外的景色，一路迤邐過去。

踏進張曼儀老師的家，她早已將準備好的書刊，齊齊整整的放在茶几上。

那是學者的一絲不苟，也是詩人的心細如塵。

她給我端來普洱茶，我們坐在沙發上，便聊將起來。

與文學結緣

認識張曼儀，始於《八方》創刊時，她當時已在香港大學任教。

一直以來，她積極推廣現代文學，也是研究卞之琳的專家。

想不到，話匣子打開，談的不是卞之琳，也不是新詩，而是她寫作的舊體詩。

她剛印出的《瀟碧軒詩》，集子收錄了超逾半世紀的作品，從 1959 年至 2014 年，共百餘首詩。

「瀟碧軒」之名，為其師吳天任先生所賜。她在尊德女子小學念二年級時，已開始讀「四書」、《古文評註》等古籍，至高小時，偶然從坊間購得《離騷》及詩詞集，雖然

是一知半解，但她卻欣然捧讀。升上中學後，她先在聖方濟各念初中，高中時入讀聖心書院，預科時學校不設中文科，為報考香港大學的公開試，遂往吳天任老師處研習中國文學，並隨他學習寫作舊體詩。自此數十年間，她對於舊體詩，雖時寫時輟，始終不離不棄——「偶有所感，發諸吟詠，仍多取舊體詩」。

「正如同年代的寫作人，我是從《中國學生周報》走過來的。」

1956年，她第一次投稿《周報》，散文便獲即期刊登，還得到編輯約見，而且聯絡不輟，後來總編輯黃崖先生往馬來西亞主編《蕉風》，還約她繼續供稿。在中學及大學時代，她寫的多是散文，另兼及小說、新詩和舊體詩。她認為新詩創作要求高，不易寫得好，每一首都是「內容和形式有機的新結合，舊體詩卻有格律可循，內容可以隨意發揮，放心多寫」。

她最緬懷的，是那時候與文友的交流活動，一班年輕人編《靜靜的流水》散文集時，經常在銅鑼灣的「紅屋餐廳」聚會，還到過道風山旅行。

張曼儀一直珍存着當年的學生創作選集《靜靜的流水》

（一、二集）和《曙光》。《靜靜的流水》（一、二集）分別於
1959 及 1960 年，由「自由出版社」及「文海出版社」出
版，集子內收錄的都是當時年輕人的作品。作者之中，有
張曼儀、黃俊東等熟悉的名字，還有易君左先生寫的序。
《曙光》則由《中國學生周報》編輯，收錄的是刊登於《周
報》的學生作品，由「友聯出版社」出版。

張曼儀取出當年的照片，在道風山之旅中，年輕的胡
菊人（當時叫胡秉文）也在其中。當年的他，果真「人淡如
菊」！

念預科時，她憑一篇小說取得徵文比賽的冠軍，獲贈
三個月學費。由於她會考成績非常優異，可免交學費，故
此她可以自由享用這九十元。

當年，她最愛讀《人人文學》，尤其喜歡百木（即力
匡）的散文，還有黃思騁、齊桓（即孫述憲）的小說。獲獎
後，她便用一半獎金買了一些文藝書籍，連同早前在灣仔
軒尼詩道「新月書店」買的一套《人人文學》，捐贈給灣仔
小童群益會圖書館。原來她念初中時，經常到這間圖書館
借書，便藉此機會以回饋。

1962 年，港大畢業後，她前往美國哥倫比亞大學念研
究院。1966 年回到港大，最初在中文系做行政工作，當時

的系主任羅香林教授有意把一年級的翻譯課擴充為學位課程，便於 1967 年聘任她為助理講師。其後又協助馬蒙教授擬訂和開設現當代文學課程。她在港大任教翻譯及現當代文學近三十年，到 1994 年退休移居加拿大為止。

七十年代中期，她曾跟文樓、黃繼持、小思、古蒼梧等合編《文學與美術》雙月刊及《文美》月刊。當時，她多以「淨沙」之名撰寫散文，發表在這兩份刊物。「淨沙」出自詞牌〈天淨沙〉，她很喜歡「淨沙」這個意象，更愛其含義——「個人只是三千大千世界中一世界的一粒沙子，何其渺小，能得到風風雨雨的淘洗，使之純淨，是沙子的造化。」遂以此為筆名。

《現代中國詩選》

「我一生與詩結了不解緣，讀書、研究、教學、翻譯都集中在詩。」張曼儀如是說。

早年，她曾與文世昌、黃繼持、古蒼梧、黃俊東、余丹等幾位朋友，合編了《現代中國詩選：一九一七—一九四九》。當時，大家有感於新文學的作品，散佚凌亂的情況很嚴重，想做些資料蒐集和整理的工作，於是先從新詩做起。

　　《詩選》的編選工作，從 1967 年 8 月開始，差不多每隔一兩個星期，他們便開一次編輯會議，整理資料，編訂書目，訂出詩人詩作的名單。在編選的過程中，往往需從海內外蒐集資料，有時甚至為了入選的一兩首詩，翻查大量的史料，才找到出處。

　　編選工作進行了兩年便差不多完成，在交稿前夕——那是 1969 年 7 月，為了如期交出，日間有好幾位港大的同學和朋友輪流來幫忙謄寫，連單周堯教授（當時是中文系本科生）也曾來幫忙抄稿。到了晚上，大家還須繼續努力，直到曙光初露才完成工作。

　　《詩選》編輯之初，原是為了紀念「五四」五十周年，後來耽擱了，至 1974 年才正式出版。此書厚達 1,800 頁，分成兩冊，需用超薄的聖經紙印刷，故售價亦比較昂貴。

　　《詩選》的出版，為中國新詩保留了許多珍貴的史料，對新詩的研究作出了相當大的貢獻。同時，此書對詩人和作品的評價，其分析和闡述，亦甚具參考價值，尤其是四十年代部分的作品。這時期的新詩技巧比較成熟，思想較有深度，內容也較為開闊，既重視詩人的社會責任，也沒有忽略新詩的藝術性。

　　張曼儀說九葉派詩人袁可嘉先生屢次表示《詩選》收錄
了他們的作品，並給予肯定的評價，是最早讓這個詩派在
文學史上佔一席位的。

　　四十年代詩人的創作方向，是將社會性與藝術性結合
起來，《詩選》對此給予正面的評價。這個評價對後來新詩
發展的方向，實在帶來很大的影響。

卞之琳研究

　　「想起卞之琳便會想起張曼儀，想起張曼儀就聯想到
卞之琳。」小思老師所說的，實在一點都不誇張。

　　張曼儀一直醉心古典詩詞，早年對新詩興趣不大。在
六十年代初期，她在美國哥倫比亞大學念研究院時，偶爾
在圖書館發現了卞之琳的《魚目集》，才對新詩發生興趣，
這是緣起。她回到香港後，編《現代中國詩選》時，便開始
對卞之琳的詩作比較全面的研讀。她特別欣賞卞之琳，大
抵與她的性情有關。

　　1978-1979 年間，張曼儀放「學術假」。1978 年秋天，在
美國威斯康辛大學，她開展了卞之琳的詩歌和翻譯研究。

　　為甚麼研究卞之琳？主要是因為他在解放後，近三十

張曼儀與卞之琳合照

年間，受到國內外毫無道理的忽視。張曼儀認為卞之琳天分極高，是三、四十年代成就卓越的詩人和翻譯家。

研究之初，她從卞之琳在海外的朋友和學生入手，訪尋他生平事跡的旁證，並且在北美各大圖書館搜索，發掘他已入集和未入集的著作。

她先往加州灣區，訪問了卞之琳在西南聯大的學生許芥昱先生。

1979 年初，她開始跟卞之琳通信，第一次收到他的回信，自言是最好的「生日禮物」。同年 5 月，她到新港（亦稱紐海文 New Haven），拜訪了卞之琳的老朋友——「民國最後的才女」張充和女士。12 月，她飛往北京訪問卞之琳。這位睿智謙和的長者，不單解答了她對其作品的疑難，核實了自己的生平事跡，協助她到北京圖書館找資料，還將自己珍藏的孤本贈送給她。

卞之琳當時已年近七十，但精神還不錯，帶她四處參觀，重訪舊地。他們走過北大紅樓、漢園公寓小樓和東

齋故址、何其芳住過的大豐公寓和張充和住過的小公寓舊
址，還有《文學季刊》和《水星》編輯部的所在地北海三座
門……

「這位『老北京』可真『能走』！」——張曼儀笑着
說。

由於卞之琳受法國象徵主義的影響甚深，為了方便研
究，她雖然曾經念過法文，那時亦在威斯康辛大學上了一
個學期法文閱讀課程 "Reading Course in French"，重溫一
下。她對學術研究的專注和認真，於此可見一斑！

她看了很多期刊雜誌，還有「微型膠卷」，將卞老的
舊作逐一鈎沉出來，重建他的創作過程。她說——這不是
一個「純」研究，而是個學習的過程，亦可不斷提升自
己。箇中有痛苦，也有快樂，當然也很充實。卞老是個完
美主義者，當然不想一些不成熟的作品被發掘出來，但也
無奈接受。

休假期滿，張曼儀只完成了他抗戰及抗戰前期資料的
蒐集，寫出了他早期詩歌研究的英文稿，後來改寫成《卞
之琳著譯研究》的第一章一部分。

教學工作實在很忙，直到 1984 年春，張曼儀再度休
假，才有充裕時間縱覽全局，擬訂全書各章的大綱細目。

結果，她花了八年時間，至 1986 年底，才陸續完成全書，
了卻一個心願。

「過程比結果重要！」張曼儀一再強調——「不是作
品的文字，而是文字背後的精神，使我的生命得到啟發。」

「在研究過程中，我對卞老愈來愈欣賞，而且也更佩
服他。」曼儀老師指出，卞老凡事要求精確，為人認真不
苟、正直不阿，更令人對他生出敬意。

兩年前得石磬文化事業公司幾位文藝青年的邀請，張
曼儀出版了《揚塵集》一書，主要輯錄其創作，例外的是在
「懷念卞之琳」一輯中收錄了幾篇論文。她在自序中道出
心聲：「因為跟卞先生的通訊以至論交，是我生命中的一道
陽光，映照了我二十年的生活，跟我的成長分不開。」

張曼儀已將自己與卞老在 1979-2000 年間的通信，他
的手稿、初版書、照片、錄音，以及他與張充和的通信
等，悉數捐贈香港大學圖書館。

翻譯與佛學

張曼儀在翻譯方面的經驗非常豐富，早在念書時代，
她已開始翻譯文學作品。在 1967、1968 年間，她翻譯了
《塞伯短篇小說選》、《奧亨利短篇小說選》，由今日世界出

版社出版。1985 年，她與陳載灃合譯《莫札特之死》，其後，曾替商務編選了《現代英美詩一百首》，同時亦翻譯了書中部分作品。

　　然而，在翻譯道上，她一路走來，都是「英譯中」而已。

　　直至 1994 年，移居加拿大後，她才開始踏上「中譯英」之路。

　　在加拿大時，張曼儀居於美麗的小城——哈利法克斯，香港浸會大學翻譯研究中心的張佩瑤教授，曾請她英譯了一些中國作家談翻譯的文章。

　　2000 年 9 月，張曼儀回港定居。2001 年的國際詩歌節，她英譯了一些香港本地作家如王良和、胡燕青的詩作，外界的反應非常好。

　　自此，為她開拓了一個嶄新的天地，也令她漸漸萌生了翻譯卞詩的念頭。卞之琳曾自譯其詩作二十多首，亦多次跟她討論其詩歌的英譯問題。張曼儀為了完成卞老的心願，於是開展了這項艱巨的翻譯計劃。

　　透過中大翻譯研究中心《譯叢》主編孔慧怡女士，她找到一位合適的伙伴 David Lunde（倫戴維）。倫戴維是紐約州立大學的榮休教授，有翻譯中國古典詩詞的豐富經驗，

本身也是詩人，實在是位理想的合譯者。計劃從 2002 年秋天開始，至 2005 年春天才完成，先由張曼儀選出篇目，然後合作翻譯，大部分作品選自《雕蟲紀歷》，故譯詩集名為 *The Carving of Insects*。出版後獲美國筆會 2007 年度翻譯獎。

翻譯的過程，讓她好像親身經歷了卞之琳詩歌創作的過程，對他的認識又加深了一層。雖然卞之琳畢生探索的是新詩格律的理論和實踐，但他們英譯卞詩，原則上卻不講求格律上的摹擬，只求在詩質上無愧於原作。她強調──「我們的英譯，不期望也不可能跟原作一樣，只嘗試為卞詩在另一個語言文化的土壤裏培植一個新生命。」

張曼儀從事翻譯工作多年，近年開始涉獵佛學，領悟到世事總存缺憾，人生重要的是過程而不是結果。她說：「譯者如果追求完美，要求譯文與原文百分之百相等，首先就不會提起譯筆。這也與佛學暗合。」

她與佛學結緣，緣起加國。她第一次「禪坐」的體

驗，就在哈利法克斯。當地，她有一位教車師傅朋友，是
專業編輯、英語教師，也是通曉梵文和藏文的佛門長老。
而藏傳佛教在西方創辦的佛學中心 Shambhala Centre，先一
年從美國遷至哈城，故不少資深教友亦隨之北移。她因緣
際會，也曾在佛學中心聽課。她從加拿大回到香港後，曾往
志蓮淨苑進修佛學課程，亦曾與斯里蘭卡籍的阿那律陀長
老 (Kākkāpalliye Anuruddha Thera) 和蕭式球老師合譯了原
始佛教的佛典 The First and Second Buddhist Councils: Five
Versions（English Translations from Pāli and Chinese）。

　　近幾年，張曼儀嘗試將佛學與詩歌結合起來，與倫
戴維合作翻譯「禪詩」，於 2014 年出版了 A Full Load of
Moonlight（Chinese Chan Buddhist Poems）一書。此書精選
了一百八十首中國古典詩歌，翻譯成英文。詩作的選取，
主要取決於詩中的禪意，還有文學藝術上的價值。除了禪
師的作品，亦兼及唐宋著名詩人，如王維、李白、白居
易、蘇軾的詩作。

張曼儀攝於斯里蘭卡

張曼儀的翻譯工作，一直沒停下來，現正忙於英譯徐志摩的詩選，而她早前寫了一系列有關翻譯理論的文章，亦即將出版。

活在當下　喜樂隨緣

最初在電話中約定，這個專訪大約只談三個小時，但訪問那天，在曼儀老師家中竟逗留了大半天，她還請我吃了一頓美味的午餐。我們從早上十一時開始，談了接近兩小時，吃過飯後，又繼續聊，直到下午三時多，我才離開。雖然談得很開心，但耽誤了她休息的時間，實在不無歉意。

在小巴站候車之時，曼儀老師溫婉的聲音，她那纖瘦的身影，依然在腦際盤旋，訪談雖已結束，但一段因緣才真正開始。

禪悅新耽如有會！
她的一首新詩《喜樂》，忽爾在心頭湧現——

雨過天青，
朵朵蓮花浮出水面：
撒一把飼料，
紅的黃的錦鯉
齊來噬食——
魚樂。

靜坐在時間之外：
讓思緒飄進來
又漾開去，
細觀心如何波動
以至安住——
禪喜。

「活在當下，已得禪宗真意」——想起了曼儀老師在
禪詩集子上給我的題辭。

禪是一種心境，也是一種生活方式。

待何時有緣，我也可以到志蓮淨苑，聽佛學課程去。

---

* 除書影外，本文圖片由張曼儀提供，謹此致謝。

張 曼 儀 簡 介

張曼儀，生於香港，原籍廣東番禺。
1950年代末期開始從事文學創作和翻
譯，1962年香港大學文學士畢業後，
負笈美國哥倫比亞大學，考取文學碩
士，其後又在英國華威大學完成翻譯
學博士。自1967年起在香港大學任教
翻譯及現當代文學近三十年，現為香
港大學中文學院榮譽副教授。現代文
學方面的著作包括《現代中國詩選》
（合編）、《卞之琳著譯研究》等，其英
譯卞之琳：《雕蟲紀歷》（*The Carving
of Insects*，與倫戴維合譯）獲美國筆
會2007年度翻譯獎。近年從事佛教
經典、禪詩及中國新詩的英譯。近作
有《揚塵集》、《翻譯十談》、*Xu Zhimo:
Selected Poems*（合譯）等。

夢中傳彩筆
花葉寄朝雲
綠騎士專訪

緣結巴黎逍遙遊

1989 年的夏天，我辭了職，跑到巴黎去，帶上夢的行囊。

離開香港前，小思老師送我一方名片，背面寫上——

蓬草、綠騎士：
介紹朋友馮珍今來看你們，可以玩笑巴黎！

小思 八九·八·十

在巴黎，我找到了綠騎士，跟她成為好友。我們經常見面，喝咖啡、看畫展，還不時隨着他們一家四口，到處遊玩去——諾曼第 (Normandie)、奧維爾 (Auvers-sur-Oise) ……

在不同的角落，留下足跡與回憶。

想不到，因為尋夢，與綠騎士結緣在巴黎！

歲月不經意地溜走，二十多年就如此過去了。

2015 年的冬天，綠騎士回港參加旅遊文學研討會。

12 月底，她快要回巴黎去，我趕緊約她一聚。

才不過早上十時，我們走進陸羽茶室二樓的玫瑰小廳房，坐下，點了茶和點心。吃過東西，喝過茶後，便聊將起來。穿上傳統唐裝的侍應生，不時推門而入，提着大水

煲替我們的茶盅注入熱水。

已有八十年歷史的陸羽，仍保留着舊式香港茶樓的格調。我們坐的是酸枝椅，喝的是白牡丹，牆上掛着的，是黃君璧的山水畫。

我們邊喝茶、邊聊天，談創作、談人生、談夢想。

人生識字憂患始

也許大家都知道，綠騎士是資深的文字及藝術工作者。她早已移居法國多年，但她在香港的時候，已是知名作家，未認識綠騎士前，我已是她的讀者，那時，很喜歡她的〈衣車〉、〈棉衣〉。

不過，很少有人知道，她最早的創作，不是文字，而是繪畫，當時她只有十二、十三歲，在聖士提反女子中學念書，已開始向《南華早報》的 *Children's Corner* 投稿，以 Daphne Chan 名義發表漫畫作品。她那時的作品，已帶點豐子愷的筆意。

中三時，綠騎士向《青年樂園》投稿，認識了在這份刊物上畫漫畫的張漢明。後來，他跑到巴黎去發展，成了她的先行者。

在 1964、1965 年間，她為《中國學生周報》的「快活

Drawing on South China Morning Post (1961)

漫畫版！
開張了！
各位畫友！
盍興乎來！

聖士提反　綠騎士

谷」畫漫畫，其中一幅畫的是陸離，為漫畫版的「開張」
賣廣告，非常生動有趣。

那時候，她寫散文、新詩，也開始了小說創作。當時
的《周報》，編輯與作者的關係非常密切，綠騎士與編輯陸
離、吳平也時有通信。1966 年，她進入香港大學英文系就
讀，曾參加大學學生會會刊《學苑》文藝版的編輯工作，同
時，也在《盤古》、《純文學》等雜誌發表作品。

那些年，薄扶林有一個小村，還有一所小學──聖華
小學，法國修女辦的，她們還負責出版《兒童樂鋒報》。
念大學時，綠騎士在這份兒童雙周刊當兼職。每個月兩
次，綠騎士會到小學旁的小白屋工作，那兒住了好幾位法
國修女。

綠騎士笑着說：「負責刊物的胖修女，有一對藍藍的
大眼睛。……我負責刊物的一半稿件，改編外國著名的
童話，為孩子寫了不少故事，有點仿照《兒童樂園》的模
式……」

　　時移世易，有些東西改變了，城市轉變得很快，修會
撤回法國，綠騎士也停寫了兒童故事。後來她到了法國，
工作上竟與兒童刊物又結下不解緣。

人不巴黎枉少年

　　1969 年，大學畢業後，她的第一份職業，就在「家計
會」做行政工作，但只幹了三個月，由於個性不合，她便
毅然離職，轉到「快捷半導體公司」當廠報編輯及翻譯。
廠報主要報道廠方的活動、員工的動態等，同時，也設有
創作園地，讓工友投稿。由於「快捷」是美國人開設的，
當時常被左派報紙責罵，她要負責將那些新聞報道翻譯成
英文，呈交公司的領導人閱讀。

　　綠騎士告訴我，她在小學三、四年級時，家道開始中
落。幼時，家中有四個傭人、一個司機，怎知變故驟生，
風光不再，淪為在一層舊樓共住四伙的人家。雖然家貧，
但她與社會接觸的機會不多，念的是教會女校，生活比較
簡單純樸。可是，在三千人的工廠上班，雖然做的是文字
工作，但接觸面擴大了很多，她仿似進入了另一個世界，
看到了社會的另一面，對香港工業界的情況，亦加深了
解。這些生活經歷，對於她的寫作，實在不無影響。

兩年後，她從觀塘的工業區轉到中學生刊物《良友之聲月刊》工作，幹了三個月左右，便跳槽到中環，在「生產力促進中心」任編輯及翻譯。工作了一年左右，想到外面世界去看看的念頭，在心裏不住竄動，於是便決定到外地闖一闖，辭職遠赴巴黎，念美術去也。

到法國前，她在法國文化協會念了兩年法文。1973 年，她和好友蓬草飛抵巴黎，得到老朋友張漢明接待，為她們安排住宿地方，還介紹她們認識圈內的華人畫家朋友。

打開記憶的匣子。她還記得那年是 3 月到巴黎，5 月考進巴黎國立高等美術學院。9 月開課，念的是繪畫及美術史。「總不能餓着肚子去學畫」，為了生活，她幹過「看小孩、伴老太太、畫傢俬、賣咖啡、教廣東話、甚至教國語等工作」。

　　不過，最長久的是在一間離學校不遠的畫廊當半工。
「喜歡那幾壁樸雅的白色、沙色、黑色的牆，和素淡的灰
地氈。大玻璃窗外，河邊一列大樹下滿是書攤子，對岸是
瑰麗的聖母院。隨着四季消長、日影移動而成為一張不斷
變化的圖畫，像煞莫內捕捉的光與影的世界。」在〈人不巴
黎枉少年〉一文中，綠騎士具體地描畫了她工作的環境。

　　在巴黎學畫期間，綠騎士邂逅了傑（Jacques）。

　　趁着假期空檔，她經常用省下來的錢到處旅遊，有一
趟，她從英國返回法國，火車上，坐在她身旁的就是他。
傑是建築師，大家聊了一陣子，才知道她工作的畫廊，原
來跟他負責的其中一個工地很近。雖然沒有留下聯絡方
法，但不多久，他便出現在畫廊，偶爾來看看畫，也看看
她，愛情自然而然，在光與影的世界裏慢慢地滋長。

　　1976 年，也許是因為掛念家人，或者是為了考驗這段
培養了一兩年的感情，她冒起了回港的念頭。回到香港，
她做的也是老本行，在《象牙塔外》月刊當編輯，與文友
高潔做了同事。月刊的辦公室設在大坑道一幢雅致的小樓
房內，環境非常清幽寧靜。這份女性雜誌，內容圍繞着文
化、藝術、文學，有創作、有報道，也有訪問，主要介紹
外來的新事物。雜誌雖然比較「閨秀」，但也體現了現代

婦女獨立、自主的一面。

綠騎士與傑相隔兩地,靠的是書信的聯繫。結果,他飛到香港,跟她訂婚,然後雙雙回到法國。1977 年 6 月底,他們跑到巴黎西北邊的小鎮奧維爾,那就是梵高最後住過的地方,走進畫家筆下的名作——《奧維爾教堂》的原址,在現實中的教堂內舉行婚禮,領着她步入教堂的就是巴黎的畫家朋友陳建中。

詩畫共舞趁年華

「婚後的生活與求學時期完全不同。」綠騎士呷了一口茶,苦笑着説。

她記得初抵法國時,抱着「遊玩」的心情,在巴黎的生活雖然困苦,但窮風流、餓快活,物質生活雖然匱乏,但精神生活卻非常豐足,日子過得逍遙自在。

然而,結婚後,角色轉變了,心態也不同。當了家庭主婦,面對開門七件事,柴米油鹽醬醋茶,實在教人感到疲累。

大女兒淮安出生後,為了照顧女兒,她幾乎沒有繪畫。至 1980 年,淮安進入幼稚園後,她才開始為出版社的兒童書籍畫插圖。

從九十年代開始，她投放在繪畫的時間愈來愈多。

除了在巴黎，綠騎士在香港曾舉辦過多次畫展，主要有兩個。

1999 年，香港中華文化促進中心舉辦「詩畫展——悠揚四季」，展出綠騎士的作品。她的畫作

綠騎士（二〇一五）

「以詩、畫的意象捕捉四季音符，詩、畫又互相補充、對話」。為配合畫展，主辦機構還邀請了黃仁逵，與綠騎士對話。黃仁逵曾在巴黎習畫，是知名的畫家，而綠騎士則以文學創作揚名。在對談會上，黃仁逵說他以繪畫為主，視寫作為業餘興趣，寫起文來，比較輕鬆隨意；綠騎士則相反，她寫作時的感覺較為沉重，往往艱苦經營，反而繪畫會令她忘記人間種種不快，為她帶來愉悅的心情。

2002 年，香港大學博物美術館，為她舉辦了一個大型的展覽「詩畫展——嘉年華彼岸」。畫展中有頗多詩畫合一之作，她「以繽紛的色調呈現嘉年華的歡愉，以飛鳥展翅

呈現對彼岸的憧憬」，畫風漸趨寫意。

自言其中有至樂

近年，她在繪畫方面的藝術成就備受肯定，除了在法國展覽，作品也曾在美國、澳洲、加拿大等地展出。

綠騎士說：「在巴黎的藝術家，正式登記的有二萬多個，沒登記更是多不勝數，能夠闖出名堂，實在不容易。」她現在的畫作，外界的反響很正面，她也感到很開心。

談到她的創作歷程，回想初抵巴黎時，她頓了一頓，說：「在博物館看到大師的真跡，感覺其實不太震撼，刺激也不大。」因為早已在畫冊上看過大師的作品，雖然是印刷品，但總算看過。

其後，在巴黎看到「五月沙龍」展覽——作品中有玻璃瓶中的死蒼蠅、有女性乳房的切片，甚至有男性生殖器在燒烤爐中……。面對這一大堆現代派的作品，她眼花繚亂，甚至有點迷失，感到很迷惘，不知何去何從。

她提到早期的畫作，如 1980 年《尋》系列的作品，畫的是人在石頭中，比較封閉、孤獨、疏離，跟後來的自由、開放、明快，風格截然不同。

一路走來，從細緻的工筆到抽象到半抽象半具體，從

《尋》系列作品

寫實走向寫意。不同的時期，自
有不同的創作面貌。

在文學創作方面，綠騎士寫
的多是人間的陰暗面。曾有人説
過，她的筆端「刻劃的往往是人
生的種種缺失、段段殘缺感情⋯⋯
在缺乏雨露滋潤下，嘗試在沙土中生長」。然而，在她的
畫筆下，「基本上是愉快的──即使是深沉的冬季，仍隱隱
透出一種蠢動的生命節奏──生生不息，嚮往自由。」事實
上，她大多以顏色來描繪歡愉的感受。

一直以來，她的寫作大多以人的際遇為主題，「捕捉
人生的執迷與超越」，但近年的小説，有些卻加入了幻想的
成分，如〈詩葡萄〉、〈巴黎梧桐人〉等，帶點成人童話的味
道，但基本上仍是寫實的，只是嘗試另一個角度的表達形
式而已。

最近這幾年，綠騎士另闢蹊徑，以法文寫詩。2012
年，她出版了《茶曲》一書，一首法文詩，配一幅畫，詩畫
合璧，效果很好，很受歡迎。至 2014 年，她在巴黎第六區
的市政廳還舉辦了「詩與畫──茶曲」展覽，展出書中畫
作的真跡。

　　2014 年，《茶曲》的英文版面世，同時還有一本兒童詩畫集《冰糖蘋果》出版了，那是她多年前的舊作，在八十年代初期，她到兒童出版社面試，應徵畫插圖的一份"Portfolio"。詩畫集扉頁上寫着：送給 Amaya、Inès 和 Julie──她的三個外孫。如今，她已有五個外孫了。

　　談及兒童文學，她告訴我：「這是一個久遠的願望。」小時候，她愛看《兒童樂園》，在那個簡樸的年代，這份刊物為小孩子打開了一扇窗子，滋潤了無數的小心靈，尤其是奇幻的童話故事，培育了孩子無邊的想像力。她早已渴望執筆，寫一些單純的故事，創造奇異的國度，馳騁無限的幻想空間。

　　「那是非常愉快的經驗！」她笑着說。

　　她再度執筆，創作兒童故事，源於上世紀九十年代末，夏其龍神父邀請她為《公教報》的《喜樂少年》撰寫童話，她一寫便是三、四年。她負責寫故事，小女兒臨安繼承了母親的藝術天分，為她繪插畫，母女合作無間，可說是美麗的二重奏。

　　最後，我們談到她現時的創作計劃。

　　她計劃以一個攝影師為主角，透過他的眼光，寫作一系列的人間故事。她已寫了兩篇，刊登在文學月刊上。「寫

《詩酒趁年華》

《然後有了光》

作使人想多了解生命，越看人生越教人謙卑。若能寫下一些感人的語句，或繪下一些給人帶來點快樂的色彩，已很高興。」她如是説。

伴鳥隨雲往復還

話匣子打開，我們談個沒完沒了。三個多小時飛快過去了。

然後，小思老師出現了。傑也來了。

我們繼續喝茶、吃點心，繼續聊天、敍舊、閒話家常。

離開陸羽茶室後，我們陪同她夫婦倆坐地鐵到西營盤去尋訪舊居。綠騎士童年時住在高街，直到她婚後定居巴黎，大女兒出生後，他們一家三口，有一次回港小住，仍住在那裏，而淮安亦在附近英華臺的幼稚園，讀過短期的課程。

自地鐵通車後，西區已變得幾乎面目全非，具歷史價值的建築雖然仍保留着，如舊贊育醫院、救恩堂等，但不少昔日的老鋪，拆的拆、遷的遷，食肆相繼開業，店鋪日新月異。今時今日，淮安念過的幼稚園早已不在，綠騎士的故居亦不復見。

那天是周末，行人川流不息，傑和她拍了幾張照片。

已是傍晚時分，我們逛了一陣子，便匆匆離去。

晚上回到家裏，只見牆壁上掛着的油畫《生命樹》，一樹熒然挺立，飛鳥在樹前展翅，堅韌的生命力，拂面而來。綠騎士眾多作品中，我最愛這一幅。

感謝綠騎士，讓「她」陪着我，走過生命中最困頓的一段日子。

人生本無常，生命卻繽紛。信焉！

---

* 除書影外，本文圖片由綠騎士提供，謹此致謝。

《戀曲》

《生命樹》

綠 騎 士 簡 介

綠騎士，原名陳重馨，生於香港，原
籍廣東台山，從小熱愛繪畫及文學。
在香港大學主修現代英語、副修中國
文學。1969年畢業後，曾任翻譯、編
輯及教師等職。1973年拋下了穩定
的工作和生活往巴黎去，肆業於巴黎
國立高等美術學院。其後定居巴黎，
從事兒童刊物美術工作及繪畫。曾於
1999年與2002年在香港舉行個人畫
展，她的畫作於歐洲也常有展出。其
文學作品包括散文、小說、隨筆、兒
童故事等。著有《綠騎士之歌》、《棉
衣》、《深山薄雪草》、《石夢》、《壺底
咖啡店》、《啞箏之醒》、《魔牆的秘
密》和《飛樹謎》等。近作則有《花都
調色板》、《神秘旅程》，以及法文詩畫
集 Chants de Thé (《茶曲》) 等。

穿梭光影裏
馳騁藝文間
羅卡專訪

訪問那天，是正月初十。天氣陰陰冷冷的，還下着微雨。

坐港鐵到西營盤去，下了車，沿着聖士提反女子中學旁的小路往上走，就是城西公園，只見三三兩兩的老人家在運動，走過公園，就是列堤頓道。

踏進羅卡、汪海珊的家，只見一室皆花──大部分是水仙。

「哪有情人節送水仙的！」珊姐其辭若有憾焉，其實可能心喜之。

她端出已煎好的糕點，放在茶几上。

我和卡叔坐在沙發上，邊吃東西、邊喝茶，便開始聊起來。

我們從他的學生時代談起……

數理根芽藝文栽

少年時代的羅卡，一直在澳門生活，德明中學畢業後，才到香港念書。時為 1957 年，他以自修生的名義報考崇基學院，進崇基後，念的是數學。當時的數學系，要做很多習作，不停的計數，令他逐漸失掉學習的興趣。

「不過，無論如何，大學教育起了啟迪思維的作用。」羅卡說。

　　大學三年級時，他投稿《大學生活》，又去聽講座，開始接觸文藝、哲學，他特別喜愛閱讀思想性的作品，也喜歡看電影。

　　1961 年畢業後，原打算去當教師，因為認識《大學生活》的社長、主編林悅恆的關係，陰差陽錯，進了《中國學生周報》。

　　「我拿着林悅恆的名片，去見《周報》的社長胡菊人。然後就上班了，第二日已經要出去做採訪。」羅卡說。最初是當記者、助理編輯，幾年後才當上總編輯。

　　羅卡接着說：「進入《周報》之前，我熱衷於數理和現代哲學，與殷海光的弟子林悅恆、羅業宏、黃展驥很談得來，經他們指點，嘗試研讀西方分析哲學、邏輯學、行為科學。進入《周報》後，好像踏進全新的領域，培養出對文學藝術的興趣。」

他先是認識了陸離、張浚華等同期編輯，大家並肩作戰；稍後又認識了由台來港的戴天、蔡炎培、邱剛健，並愛讀他們的詩，大家成為好友。

那時，他喜歡閱讀大陸翻譯的電影理論書，以及評論電影的刊物如《電影藝術》，也愛看台灣的文藝刊物，如《現代文學》、《現代詩》，獨立評論如《文星雜誌》、《自由中國》，逐步擴大了個人的思想領域。為了編好電影版，又經常訂閱西方的電影書刊。

《周報》的讀者對象，主要是中學生和知識青年，內容既有生活與思想、社會評論、文學藝術（包括電影）欣賞，又有詩、散文、小說的創作；有輕鬆的「英文版」，亦有諧趣的「快活谷」，園地完全開放，讓讀者投稿。當時既邀約名家如唐君毅、余光中、柏楊、朱西寧等供稿，又公開園地讓年輕人投稿，於是形成名家和中學生習作兼收並列的畫面。

羅卡回憶，《周報》就像一個大家庭，經常為讀者提供課餘活動，有學術講座、文藝創作班、戲劇和音樂小組，還有體育、旅行等，編輯和作者一同參加，也有通訊員的設立，編輯、作者、讀者的關係非常密切。當時的編輯，亦如教師一般，替學生改稿，甚至和作者通信交流，談文論藝，或閒話家常，因而培育了不少文藝青年。

到邵氏訪問張徹。前左：西西、陸離、張徹；後左：舒明、羅卡、陳任。

　　最初，《周報》的電影版是總編輯黃碩儒編的，後來他移民，自 1962 年開始，羅卡便接替他編電影版，開始聚集多一些人，如陸離、西西、金炳興、戴天、陳任、震鳴、舒明、林年同、石琪、吳昊、梁濃剛、楊凡和杜杜等，可謂人才濟濟，經常搞專輯、組織座談會，1965-1969 年是電影版的全盛時期。1968 年同人又組織了「大學生活電影會」，招收會員，公開放映電影和舉辦實驗電影展。

　　六十年代的中後期，是世界青年反建制運動風起雲湧的時代，如法國的學生運動、美國的反越戰運動、捷克的「布拉格之春」等，香港也有六六年「反天星小輪加價」的青年絕食示威、六七年的「反英抗暴」……

六七年是個轉捩點，當年的暴動，令羅卡受到很大的衝擊，他感到很困惑，好像一直置身象牙塔內，與社會脫了節。現實的世界，不像藝術世界那麼理想，美好得讓人陶醉，它其實很嚴峻冷酷，充滿矛盾衝突和勢利醜惡，但羅卡很想到外面的世界去闖一闖，認識現實的更多層面。

1967 年底，羅卡離開了《周報》，但仍在電影版寫影評。此後幾年，他多次轉換職業，包括協助邵氏朱旭華主編的《香港影畫》編寫專題；在《電視周刊》、《亞洲周刊》當過記者、編輯，同期在麗的電視兼職幕後；又在小型政論半月刊《知識分子》當上一人主編，「一腳踢」做了一年多，但全都未能持續下去。他切切實實地嘗到生活的不安定、思想無出路之苦。

甘苦隨緣眼界開

在這段日子裏，羅卡與《70 年代》的吳仲賢、莫昭如等人來往較多。大家都是不滿現實的青年人，受到時局和友輩的影響，他也一度介入香港的社會運動，參加了《70 年代》組織發動的反美示威，在美國領事館前、天星碼頭前靜坐抗議美國越戰升級。1971 年 2 月初，為響應海外保衞釣魚台運動，反對美日侵佔釣魚台，示威者到中環的日本

領事館抗議，羅卡負責策劃，為他們拍攝紀錄片，報道示威前的集會和現場被拘捕的經過，鏡頭下不乏難忘場面。

恆星戲院是香港最早期的藝術戲院，永熹影業公司的老闆莫玄熹與合夥人投得行將拆卸的新世界戲院，改名「恆星」，於 1971 年 1 月 8 日開幕，而且還在《周報》刊登廣告，自稱「影藝之宮」。最初搞得有聲有色，放映了維斯康提《異鄉人》（《陌路相逢》）、敕使河原宏《砂丘之女》等高格調的影片，其後因股東間發生意見，未能維持下去。羅卡在恆星戲院負責宣傳工作，發新聞稿、廣告稿。表面上風光，其實薪酬很低，工作環境又差。「每天在戲院天井的臨時鐵皮屋工作，密不通風的，天氣轉熱時只好赤膊上陣，做了大約半年。」他笑着說。

那些年，意大利是電影人心中的聖殿，不少電影的愛好者都往意大利跑。

六十年代後期，從意大利讀電影回來的劉芳剛，在香港的國泰電影公司任職導演。同期，《周報》的同道中人，包括石琪、吳宇森、林年同、趙德克、金炳興等，都先後進入國泰工作。金炳興曾當劉芳剛的助導，亦於 1970 年往意大利讀電影。朱旭華的公子朱家欣也曾留學意大利，讀的也是電影。

在朱旭華和金炳興的影響下，羅卡也有「朝聖」之意。

「其實是在香港苦無出路，唯有『逃出香港』。」他毫不諱言。

1971 年 7 月，羅卡乘搭飛往歐洲的廉價包機，同機有《70 年代》的吳仲賢和他的一群戰友。他們去的是巴黎，羅卡去的卻是羅馬。

當年，在意大利入學並不難，報讀公立學院學費很低廉。羅卡先在羅馬美術學院「掛單」，等機會進入電影學院，但身邊積蓄不多，課餘要找工作幫補生活，很不容易，他只能做散工。從中國餐館侍應到煮中國菜，以及片場臨記、配音，他都做過。

那時，意大利受到西歐反建制運動的影響，罷工罷課無日無之，政經情況紛紛亂亂。電影學院的正規課程已停止開辦，只有少數師生自行開設短期課，免費授課之餘，還帶領學生拍攝具有社會意義的習作，即所謂 "Teach in"。他平日自學意大利文，到電影學院聽 "Teach in" 課，參與拍攝過一部有關羅馬空氣污染的紀錄片。

羅卡住在窮學生和工人聚居的平民區，接觸到不少搞反建制運動和藝術的當地青年，體會到他們的迷惘、熱

情和理想。他又到過巴黎探望吳仲賢等人，眼見他們過着公社式生活，他們輪流工作、互相扶持，學習社會政治理論。當年曾目睹他們的漂浮和苦幹、激動和喜悦，也看着他們回港後實踐群眾運動，對於他們的種種堅持、種種轉折，以及付出的代價，羅卡只是感慨滿懷，不知如何評説。

從貧窮但樂天的意大利平民生活中，他學會了在紛亂的環境中，如何平淡自處，亦從中學習到從藝和做人之道。

潮生潮落本尋常

1973 年夏，羅卡從意大利回來後，在商台做節目和寫稿，並在無綫當兼職編劇。1974 年，正式加入無綫電視，當編導和創作劇本，後來轉任行政，前後工作了十年。

那時，周梁淑怡主政，栽培了不少創作、製作的人才，可說是無綫的黃金歲月，也是創作最自由的時期。1975-1979 年間，匯聚了不少文藝青年當編劇、導演，如陳韻文、李碧華、吳昊、陳翹英、冼杞然、舒琪、方令正、李茜、許鞍華、嚴浩、譚家明、章國明、徐克、蔡繼光、卓伯棠……。無綫可說是「香港新浪潮」電影的基地，培

育了一批電影人才。1979年，徐克的《蝶變》、許鞍華的《瘋劫》、章國明的《點指兵兵》，已捲起了千堆雪。

談到這裏，他突然想起了「香港大舞台」。話說莫玄熹自退出「恆星」後，一直希望找到一間合適的戲院，再度大展拳腳。1975年，他以平價租下即將拆卸的香港大舞台，找到劉天賜、鄧偉雄、汪海珊和羅卡合股，一過其戲院老闆癮。香港大舞台位於今天灣仔合和中心的原址，上座率向來偏低，被行家視為「大棺材」。他們偏偏不信「邪」，嘗試在灣仔建立一間街坊藝術戲院。開幕之初，上映花生電影《聰明狗走天涯》、黑澤明的《赤鬍子》足本，其後陸續推出諸如大島渚的《儀式》、杜魯福的《偷吻》、《婚姻生活》，以及一系列專題電影展，花了不少精力，卻欠缺天時地利，仍是虧本。

他記得在一個氣溫只有攝氏四度的早上，十點半早場，放映《婚姻生活》，僅得一人購票入座，最終那人還是受勸「退票」——他淡淡道來，卻不無感慨。

戲院的最後一夜，特別選映波丹諾維奇的 *Last Picture Show* 作為最後一場電影。當晚九點半場，不少有心人聞風而至，前來捧場。「冷清得來亦甚有氣氛，大家屏息靜氣，欣賞這場告別之作。」羅卡憶述當年的情況，雖然是慘淡

經營，但卻是人生難得的經驗。

香港藝術中心於 1977 年成立，而香港電影文化中心則始創於 1978 年 1 月，由蔡繼光發起，羅卡、吳昊、林年同、磊懷、徐克、劉成漢、冼杞然等率先響應。當時的浸會學院尚未有影視系，「中心」計劃開辦電影課程文憑班，期望培育電影人才。

1978 年初，電影文化中心在藝術中心舉辦「中國電影回顧展」，放映三四十年代的經典國片二十多部電影，由於影片是借來的，又不用付場租，賺了十多萬元，可用作「中心」開辦經費。同年 2 月正式開辦包括電影導演、編劇、攝影的文憑課程，可惜只辦了兩年，就因資源不足，只能化整為零。

當時導師的陣容強大，包括梁立人、陳樂儀、徐克、唐基明、鄒長根、嚴浩、方育平、蔡繼光、吳昊、邱剛健、羅卡、舒琪、劉成漢等。與此同時，「中心」亦定期舉辦各類電影文化活動，放映中外經典影片，推介本地的新人佳作，舉辦講座，以及出版會訊《電影人》。

陳榮照、朱嘉懿、陳果當年在中心任職或半工讀，而其他學員柯星沛、林紀陶等，亦因導師的提攜進入電影界，其後成為製片、導演、編劇、攝影師。此外，還有

盧子英、張偉雄、施潔玲等，至今仍活躍於電影界。

1983 年，電影文化中心和藝術中心合辦「20 至 40 年代中國電影回顧展」，放映費穆導演的《小城之春》，令這齣電影重新「放射出讓人目眩心驚的光芒」。此後，該片不僅被評為中國電影九十年的十部經典作品之一，更被香港電影評論界評為世界百年電影史上的十大經典之一。

埋首港片十餘載

「香港國際電影節」於 1977 年開始舉辦以來，羅卡一直都從旁參與，至 1990 年，正式加入做節目策劃和編輯。當時，李焯桃、黃愛玲分別負責「國際電影」和「亞洲電影」，羅卡則埋首「香港電影回顧」，開始專心研究香港電影。

在電影節一做十年，直到 2001 年才轉往「香港電影資料館」工作。

任職電影資料館期間，主要做節目策劃，直至 2005 年6 月底才退休。五年來，比較難忘的，要數策劃紀念任劍輝逝世十五周年的特備節目，邀請了白雪仙女士擔任主禮嘉賓，除放映《大紅袍》修復版，還預備播放一個專為「任白」攝製的錄像特輯，由「桃花源工作坊」的吳國亮負責

製作。首映禮當天，「仙姐」已到了，但錄像仍未到，大家都焦急得直冒汗，幸好在典禮開始前，錄像「準時」送抵資料館。

「特輯其實拍得蠻不錯，拍出傳統與現代的對比，將城市之光與粵劇之光兩相對照，而仙姐也感到很滿意！」他不忘補充。

出本無心歸亦好

從 2005 年到今天，已超過十年。不過，羅卡退而不休，仍孜孜不倦地，繼續香港和中國電影史的研究，拍紀錄片，以及出版不同類型的書籍。

作為資深的電影文化工作者，他編著的作品亦不少，如 2006 年的《香港電影點與線》——他的自選集，長談短論香港電影；而 2012 年出版的《60 風尚——中國學生周報影評十年》，則是 1961-1970 年《周報》電影版初步的文獻整理，堪稱一次「十年回顧展」。

至於紀錄片的製作，則始自 1999 年，當時他在演藝學院任教，與導演蔡繼光合作，擔任《香港電影之父——

黎民偉》（2001）的監製與編劇；其後，亦參與監製了新加坡女導演陳彬彬的紀錄片 *Crossings: John Woo*（2004）。近年與香港城市大學的魏時煜教授合作，監製《金門銀光夢》（2014），介紹了三、四十年代「南華第一位女導演」伍錦霞。此外，又與導演陳榮照合作，為香港電台《華人作家系列》拍製了紀錄片《四人行》（2014），寫四位戰後在香港成長的作家：小思、古蒼梧、陸離、石琪，他們年青時，以同學或是以《周報》編作者的關係結緣，友誼一直維持，至今不變。

此外，羅卡還製作了兩部紀錄片，其中一齣介紹旅法作家綠騎士和夏婕[1]；另一齣則與魏時煜教授合作，說的是兩個古巴花旦的故事[2]。

朝朝暮暮情永在

羅卡原名劉耀權，也許知道的人不多，但「卡叔」之名，在影視文化圈中，可謂無人不識。看他的影評，始於中學時代，但我跟他並不相熟。訪問那天，我們卻愈談愈投契。在電話裏，跟他約定，專訪大約只談兩、三個小時，但話匣子打開後，便沒完沒了。

卡叔和珊姐，都是好客之人，尤其是珊姐，不斷端

來的糕點——蘿蔔糕、芋頭糕、馬蹄糕，實在令人難以抗
拒。不瞞你說，當天的下午茶，喝的是卡叔親自泡的咖
啡，吃的是珊姐親手做的朱古力，口福可真不淺！

　　這天，他們還請我吃了一頓美味的晚飯。吃過飯後，
我們又繼續聊。從二時半開始，至晚上十時半，想不到，
我在他倆的家，竟逗留了八個小時。

　　離開的時候，天還下着雨，我打着傘，走下斜斜的
街道，黑暗中，聖士提反女子中學的校園仍隱約可見。驀
地，我想起了蕭紅，也想起了許鞍華的電影《黃金時代》。

　　面對文學、電影，擇善而固執，蕭紅如是，許鞍華亦
如是，卡叔何獨不然？

―――――――――――
* 　除頁 75 圖片由作者拍攝外，本文其他圖片由羅卡提供，謹此致謝。

1　香港電台《華人作家系列 II》第二集的《法國的旅人》，於 2016 年 12 月 11
　　日播映。
2　《古巴花旦》於 2018 年 2 月 11 日在香港首映。

羅 卡 簡 介

羅卡，原名劉耀權，原籍廣東中山，澳門出生，1957年來港，入讀崇基學院數學系。1961年畢業後加入《中國學生周報》，參與編輯工作。1962年中主持電影版，大量引介西方電影，其後於1967年底離職。1971年赴意大利學習電影，回港後，於1974年開始在無線電視擔任創作及行政工作十年。1990-2000年任職香港國際電影節，負責節目策劃、編輯工作，開始專心研究香港電影。2001-2005年轉任香港電影資料館，現已退休，仍繼續香港和中國電影史之研究。著有《香港電影點與線》、《60風尚——中國學生周報影評十年》（主編）、《霞哥傳奇》（與魏時煜合著）等。曾參與監製／編寫紀錄片《香港電影之父——黎民偉》（2001）、《四人行》（2014），共同監製 Crossings: John Woo（2004）、《金門銀光夢》（2014）、《古巴花旦》（2018），並編導《法國的旅人》（2016）。

寫作如修行
　　小說即緣法

施叔青專訪

香港浸會大學國際作家工作坊成立於 2004 年。每年春季，工作坊都會邀請一位卓越的華文作家擔任「駐校作家」。歷來的駐校作家包括內地、台灣和旅居海外的華文作家，曾獲邀的作家包括陳映真、李渝、李銳、韓少功、黃春明、駱以軍、閻連科、畢飛宇等。

陳映真先生是第一屆的駐校作家，他於 2004 年來港，當時在文藝界哄動一時，我也曾報名參加他的座談會。春去秋來，至今已是第十三屆，2016 年邀請了施叔青女士，她於 4 月中旬至 6 月初訪港。

就因為駐校作家計劃，牽引出這個訪問。

施叔青，本名施淑卿，出生於台灣彰化鹿港，十七歲發表了第一篇小說〈壁虎〉，作品刊於《現代文學》，曾被白先勇評為「有夢魘鬼氣」，更將她的作品與唐朝詩人李賀相比。在台灣文壇，「施家三姐妹」赫赫有名，本名施淑女的大姐施淑是著名的文學評論者，妹妹李昂（施淑端）也是名作家，2015 年就在浸大當駐校作家，真巧！

話匣子打開，不是談她的「香港三部曲」。

　　我們竟然是從 1999 年台灣的「九・二一」大地震說
起……

　　施叔青當時正居於台北，住在一幢樓房的二十四樓。
地震發生的晚上，她獨自一人在家。家中的古董、文物
被震得亂七八糟，她一直喜歡美的東西，家中藏品甚多。
「九・二一」地震為台灣帶來極大的災難，也搖醒了施叔
青，從那時開始，她不再收集古董，感悟到這些全都是身
外物。

以筆為劍　書寫青史

　　施叔青說她是天生的「島民」，一輩子在三個島——
台灣島、香港島、紐約曼哈頓島流轉。1970 年，她與新婚
夫婿赴美，修習戲劇，獲紐約市立大學戲劇碩士後，從曼
哈頓回到台灣，在政治大學講授西方戲劇，並從事傳統京
劇、地方歌仔戲的研究；同時也寫小說，以婚姻為題材，
站在女性立場探討兩性間的情愛糾葛。1977 年，丈夫到香
港來工作，她亦隨夫來港，1979 至 1983 年間，在香港藝
術中心擔任亞洲表演藝術節目策劃的主任。

　　施叔青剛到香港時，最初是住在怡東酒店，維園中秋
的燈飾，色彩繽紛，令她感動不已；其後搬到干德道，香

港夜景的璀璨，亦教她印象難忘。

香港成為其生命中「第三個島」，這個「島民」孕育出一系列的「香港傳奇」。施叔青以細膩的筆調、敏銳的觸覺、鮮活的語言，描繪香港五光十色的眾生相。同時，她亦致力於促進兩岸的文化交流，自 1987 至 1989 年間，訪問大陸具代表性的十五位名作家，包括馮驥才、阿城、劉賓雁、韓少功、史鐵生等人，後來結集為《對談錄——面對當代大陸文學心靈》。

她在這裏生活多年，已把香港當作是自己的第二故鄉。

1989 年，百萬人上街遊行，作為香港的一分子，她開始產生一種生死與共的感覺。「六四槍聲一響，整整半年，我在憤怒與極度的傷慟中煎熬……」天安門事件，令施叔青大受打擊，半年無法平靜下來，亦未能寫作。

為了安撫受傷的心靈，從那時起，她依附了印度教的女上師，開始學習印度悉達瑜伽靜坐，早晚靜坐冥想，一寸一寸拾回失落的自己，心境漸漸安寧，有着重生的驚喜。

接着下來，施叔青決定以筆為劍，書寫歷史，以小說為香港立傳。她開始研讀大量的歷史文獻、史籍，正史、野史，無所不包。

如何以小說為香港立傳？她不斷思考，最後決定不因

循傳統大河小説的形式，而是以家族史為主幹，用幾代人的悲歡離合貫穿經緯，以一個家族三部小説環環相扣，使與之平行發展的香港歷史有了起承轉合的脈絡。她寫出了「香港三部曲」──《她名叫蝴蝶》、《遍山洋紫荊》和《寂寞雲園》，以一個妓女的際遇打開了香港的殖民史。

施叔青指出中國的近現代史，從來都是掌握在男作家的手裏，女人的歷史是由男性作家來詮釋的。

「我要站在女人的立場為女人發聲，這一點我是很有意識去做的。」施叔青以妓女作為主角，是因為女人要承受幾重壓迫。在殖民地裏，不管男女都被壓迫。可是，女人除了種族上的歧視外，還要遭受性別上的歧視，就因為她是社會低下層的人，更有另外一種壓迫。

「我把妓女作為香港的象徵，從一個被別人歧視的下層女性，靠着自己的勤奮往上爬，就如香港從一個小漁村變成金融都市。我正正要寫出這個過程。」施叔青説。

由於婚姻帶來的生活經驗，施叔青為中文小説另闢蹊徑，嘗試書寫異國人士的生活。置身華洋雜處的香港社會，描寫英國殖民者，對她而言，亦非難事。

論者有謂，「香港三部曲」裏的敍述不脱「過客」

心態；亦有人持相反的看法，說這是一種休戚與共的歷史
感喟。施叔青則認為「評論」其實是一種創作的延伸，看
了作品後，有感而發，她會尊重不同的觀點。

　　1994 年，藉着九七將至，她游説丈夫離開生活了十七
年的香港，搬回台灣定居。回台第二年，她出版了《遍山
洋紫荊》，此書大獲好評，陸續獲得《中國時報》開卷十大
好書、文學推薦獎及《聯合報》讀書人最佳書獎。導演兼
編劇汪其楣以「香港三部曲」為基本素材，寫出《記得香
港》一劇，在國立藝術學院公演。

禪修路上　枯木開花

　　離開旅居多年的香港，回到台灣，施叔青自覺是個家
鄉裏的外鄉人。

　　北投農禪寺三天的禪修，得到聖嚴法師無微不至的照
顧，深入淺出的開示，她説：「我好像被徹底清洗了一次！」

　　「我皈依聖嚴師父，拜在他門下學禪。」自此，她緊隨
聖嚴法師的腳步，走上禪修之路。

　　對聖嚴法師而言，生命即是一趟實踐佛法的旅程。
他弘揚佛法的方式，就是以自己的行動來實踐理想。他曾
説：「我沒有做過甚麼，只是很努力的去做該做的事。」

「他就像一盞燈，燃燒自己，照亮別人。」施叔青如是說。

受命撰寫聖嚴師父的傳記，動筆之前，「早晚打坐靜心、臨帖寫書法描畫佛像，甚至到大學旁聽佛教藝術史課……」

施叔青嘗試沿着法師多年來的人間行腳，逐一重踏他足跡所經之地，在她的筆下，展現法師一生「四世為人」的傳奇經歷——

「聖嚴法師出身江蘇農家，十四歲自狼山出家，從軍渡海來台，後隨東初老人二度出家，負笈東瀛獲立正大學文學博士……他繼承禪宗臨濟、默照法脈，在世界各地指導禪修，提倡『心靈環保』，接引無數中西方人士……他懷抱大悲願倡建法鼓山，弘法利生，建設人間淨土，自喻為『風雪中的行腳僧』。」

為師父立傳，對施叔青來說，完全沒有壓力。她把寫作傳記當作修行，以平常心面對它，日子過得很平淡，但極其充實，心境也一直保持穩定。在寫作過程中，她有如被一股無形的力量所攝，幾乎達到廢寢忘食的地步。2000年，聖嚴法師的傳記——《枯木開花》——終於寫成出版。

2002年，施叔青追隨聖嚴法師到中國大陸，參與尋找

施叔青攝於受訪時

禪宗根源的朝聖之旅。從 10 月 3 日至 16
日，法鼓山僧俗菁英五百人，在東南六個
省二十七座禪宗史上著名的道場，作了一
趟全程三千公里的古蹟巡禮。

走江湖訪禪寺歸來，施叔青發願以
聖嚴法師的默照禪法為經，以歷代禪門高
僧的事跡為緯，編寫成一本別開生面的
書——《心在何處》。在書中，施叔青以
文學的手法，表現禪學的內涵，介紹源遠
流長的默照禪法。在施叔青的筆下，一則
則的禪宗公案，活潑生動；一個個的傳奇
故事，趣味盎然，恍如一篇篇的短篇小
說，引人入勝。

回歸本土　行過洛津

施叔青本來以為從香港島回到台灣島
定居後，便會停下流放的腳步，豈料就在
2000 這一年，她又再一次出走，移居先
前住過的紐約曼哈頓島。

回到曼哈頓，在異國的天空下，施叔

青開始研讀從故鄉鹿港運來的台灣歷史文獻、史籍，重新思考台灣的歷史，按照個人的理解與認識，憑想像重現她心目中過去的台灣，企圖以小說為台灣立下史傳。

由於台灣的歷史太過複雜，她決定以不同的政權統治來寫這部書，從而突顯台灣人的特殊歷史命運。「台灣三部曲」分為清領、日治、光復後的國民黨三個時期。這「三部曲」的主題，主要是探討台灣人的歷史與身份認同的問題。

第一部曲《行過洛津》，以她的故鄉——原名為洛津的鹿港作為清代的縮影。

「我把自己關在紐約的書房，整天與泛黃的舊照片、史料文籍為伴，重塑我心目中的清代古城——洛津。」施叔青說。

洛津與福建泉州遙遙相對，清初就吸引大量的移民渡海開墾，乾隆末年正式開闢為貿易港口，從台灣輸出米、糖和樟腦，自此商賈雲集。所謂「一府二鹿三艋舺」，「二鹿」指的就是鹿港。至嘉慶、道光後，由於港口泥沙淤積，到了同治年間，這海港城市由盛而衰，終至沒落。

在《行過洛津》裏，她創造了一個下層社會的戲子許情，從小被賣入七子戲班男扮女裝演小旦，藉着這個身不由己的戲子來影射台灣的命運。

　　第二部曲《風前塵埃》的歷史重心，則轉移到日本殖民色彩特別濃厚的花蓮。小說書名的意象，取自日本平安朝詩僧西行和尚的詩：「勇猛強悍者終必滅亡，宛如風前之塵埃。」

　　寫《行過洛津》，她專程去泉州看梨園戲；寫《風前塵埃》，她到花蓮住了一年，查閱資料，研究日據時期的庶民生活，書中對當時人們的風俗、節慶、衣飾、飲食等等的描述極其細緻，可見她曾下過苦功。

　　到第三部曲《三世人》，她決定移師到台北這個大都會，從二十世紀二十年代的現代化運動開始，至「二‧二八事變」爆發為止。

　　施叔青一部又一部的寫下去，書寫已逝的歷史，是因為身陷其中，無法自拔。寫歷史小說，本來就是個艱辛的

過程，用她自己的話説，是「事倍功半，吃力不討好」。
2010 年，她完成了《三世人》後，便宣佈封筆。

打破我執　度越有無

哪知結束原來就是開始。

施叔青潛心修行，直到 2016 年，再度推出長篇小説
《度越》。

在《度越》裏，施叔青寫的是宗教故事。主人翁是位
現代女性，來到古城南京，從事六朝佛教藝術的研究；與
這個當代故事平行發展的則是一個中古的故事——東晉的
僧人寂生，出身寒門，以抄寫經文為生，輾轉剃度出家，
原本清淨的修行，卻偶遇一位出逃的歌妓嫣紅，因而產生
變化。

談及新作的背景，施叔青顯得興致勃勃，她説六朝
人嚮往自由，追求個性解放，而東晉時，佛教已中國化，
譯經中心就設在南京。她之所以寫作這部小説，是受了聖
嚴法師的點化，踏上了創作的新路，以小説來表達佛教的
教義。這條路，正如她自述，走得頗為辛苦。小説一寫三
年，而且三易其稿，她寫得很累。

「在第一稿，佛教的資料太多，簡直慘不忍睹。」她要

大刀闊斧地刪改,文學跟佛學,畢竟是兩回事。

從表面看來,施叔青寫的是一則宗教輪迴的寓言,但看深一層,她是將自家的修行心得,融合中國佛教的歷史,以親身禪修的體悟,化為小說,透過寫作,為自己的修行作一總結。

在小說主題內容的影響下,《度越》的敍事簡約素靜、文字素樸平淡,簡短的章節、直白的典故、意象化的人物……,跟施叔青一向擅長的纖穠華麗,漸行漸遠,堪稱反璞歸真的壓卷之作。

緣起緣滅　流轉無常

閱讀施叔青的《約伯的末裔》,始於大學時代。當時,她的小說「有一種奇異、瘋狂、醜怪的美」,對年青人來說,別具吸引力。

大學畢業後,我曾在香港藝術中心念過「小說創作坊」。當時課程的策劃人,正是施叔青。不過,除了寫過幾篇習作,我沒走上創作小說之路。

滾滾紅塵世路長。想不到,幾十年之後,在香港浸會大學,又再遇上了遊走於東西的她,還旁聽了她主持的「小說創作坊」。

　　在訪談中，一頭閃亮銀髮的施叔青，仍是快人快語，爽朗的語調，透着一股英氣。有人將施叔青與張愛玲相提並論，但她説：「我覺得在個性上，我們是完全不一樣的，一個白天，一個黑夜。她是一步步走向沒有光的世界，我是走向人群的……」她的確比較陽剛。

　　施叔青説，她特別喜歡自我挑戰，寫小説給予她接受挑戰的機會。她從少女時代開始寫作，寫到如今白髮蒼蒼。不過了那麼多年，寫完《度越》後，她已經決定封筆，好好享受生活。

　　「你看，我的頭髮都寫白了。不寫了，不寫了。」她笑着説，連連擺手。

　　訪談完畢，離開浸會這座新建的大樓，我們在門口揮手告別。施叔青説，晚上要跟女兒吃飯去。在香港工作的女兒，預早為她慶祝母親節，因為在第二天，她便要到四川去。

　　眾所周知，施叔青是一個作家、一個學佛者；原來，她也是一個幸福的母親！

---

* 　頁 92 圖片，由香港浸會大學文學院提供，謹此致謝。

施 叔 青 簡 介

施叔青，原名施淑卿，台灣鹿港人，
紐約市立大學戲劇碩士，17 歲時以處
女作〈壁虎〉登上文壇，寫作之餘從事
平劇、歌仔戲研究，曾任教於政治大
學及淡江大學。1977 年赴港任職香港
藝術中心亞洲節目部策劃主任。1994
年返台，曾任東華大學駐校作家、師
範大學應用華語文學系講座教授。著
有《愫細怨》、《維多利亞俱樂部》、香
港三部曲（《她名叫蝴蝶》、《遍山洋紫
荊》、《寂寞雲園》）、《微醺彩妝》、《枯
木開花》、《兩個芙烈達‧卡蘿》、台灣
三部曲（《行過洛津》、《風前塵埃》、
《三世人》）、《度越》等。作品曾獲中
港台多個獎項，2008 年獲台灣第十二
屆國家文藝獎（文學）。

虎度香茶傳新誌
南海春天自有情
杜國威專訪

1985 年，因為《我係香港人》，認識了杜國威。

第一次與他見面，是在廟街。那時杜國威正在為《榕樹下》蒐集資料，我們一行十多人，在廟街的街頭逛來逛去，從占卜算命的「檔口」，走到演唱粵曲的攤子。說來慚愧，那一次，也是我第一次在這條街上走動，那份草根氣息、江湖色彩，此生難忘。

算命佬的口才，句句精到；賣藝者的歌聲，聲聲入耳……

屈指一算，認識杜 Sir，原來已有三十年。

他接到我的電話，二話沒說，便答應了專訪的邀約。

果真是老朋友，難得！

相約尖沙咀，我尾隨着杜 Sir，在商場中穿梭，終於在一所韓式甜品店坐下來。四周都是年輕人，但人不多，比較清靜。

吃點東西，呷一口柚子茶，我們便聊將起來，談他的舞台劇。

時間在悠悠歲月中流走，但杜 Sir 仍是那麼的感性。

戲劇與人生

杜國威創作的舞台劇本多達六十多個，而他的故事，

亦帶有濃厚的戲劇色彩。杜家有十三個孩子，他排行十二。姊姊梅梓是著名播音員，六歲時，姊姊偶然帶他到電台一遊，結果被發掘出播音天分，開始參與香港電台及麗的呼聲的廣播劇製作，從此改變了一生。他早年客串過電影演出，如《飄萍恨》和《遺腹子》等，亦有灌錄唱片。

「我六至十三歲播音賺錢，十三歲後聲線變了，姊姊便叫我努力讀書。」這位昔日的「播音神童」說起往事，仍有點悵然。「眼見同期的其他童星，例如寶珠、芳芳、泰迪羅賓……各有發展，而我卻再也賺不到錢，那時，我感到很自卑。回到校園，嘗試做一個平凡的學生，卻又跟其他同學合不來，因為我已跟他們脫了節。」

在香港大學念地理系時，他埋頭苦讀；畢業後，到可立中學任教。

杜國威憶述過去的經歷，他坦白道出，自己人生受到最大的衝擊，是在可立那段日子。他說：「初到中學任教時，有一段日子，我感到很迷惘，人生好像沒有甚麼目標，不知為何而活……」

「不過，後來我領悟到，在這個世界，除了自己，沒有任何人可以救自己，於是我又開始積極做人。」

當時可立的校長，熱愛推廣課外活動，見他做過廣播

在可立教書時期的杜 sir

劇，又當過演員，於是叫他籌組劇社。他無舞台劇經驗，
只聽過一些講座，但他很投入，與學生一同學習、一起摸
索，大家一起創作。他們做創作劇，不做翻譯劇，「每次參
加比賽，我們會不斷排練，出場前信心十足，每次比賽都
贏。」他對戲劇的認真，他的一絲不苟，讓他終於走上了
戲劇之路。

　　「是際遇，也是命運，令我踏上這條路。」杜國威如是
說。

信是有情天

　　1979 年，杜國威創作的短劇《球》，獲選為香港話劇團
的優秀創作劇本，他開始成為業餘編劇。從此，他的名字
在話劇界內不脛而走，不少行內人都賞識他的才華，例如
香港話劇團便邀他撰寫劇本，著名導演徐克也找他編寫電
影劇本《上海之夜》。

　　1986 年的《人間有情》，令他的編劇生涯，攀上第一個
高峰。

「天地有信，人間有情」——此劇取材於真人真事，講述造傘的「梁蘇記遮廠」橫跨穗港澳三地的百年家族史。從廣州輾轉寫到香港，從梁蘇記的興盛到衰落，寫歷史的變革、人事的變遷，但始終不變的是「情」。

1989 年《聊齋新誌》首演時，我不在香港。此劇第三度重演時，我正擔任學校劇社的導師，帶着二十多個學生往沙田大會堂，齊齊看戲去。劇本借古諷今，何偉龍演活了逃避魏閹、愛國憂民的忠臣孫潛老師，小女孩都看得津津有味。而《聊齋新誌》一劇，亦令杜國威獲第二屆香港舞台劇獎的「最佳編劇獎」。

1992 年，杜國威選擇當全職編劇，離開了任教十多年的學校。這一年，可說是他的豐收年，他寫了《一籠風月》，更寫出令他聲名大噪的《我和春天有個約會》。

「你知道嗎？《一籠風月》撮合了毛俊輝和胡美儀的情緣。」他笑眯眯地說。

《我》劇描述六十年代，在香港夜總會唱國、粵、英語流行曲的四個歌女。他的「契女」劉雅麗也憑小蝶一角，

《我和春天有個約會》劇照

《南海十三郎》劇照

從此紅透半邊天。

同年，他獲「亞洲文化協會利希慎留美獎學金」，遠赴紐約，深造戲劇一年。1993 年回港後，擔任香港話劇團駐團編劇。

那些年，可真是他創作的黃金時代。1993 年《南海十三郎》面世，令杜國威更上一層樓。謝君豪演活了一代戲曲奇才「南海十三郎」這個角色，奠定了他在劇壇上的地位。

1994 年，《我和春天有個約會》改編成電影，獲香港電影金像獎「最佳編劇獎」和香港電影編劇家協會「劇本推介獎」。

1997 年，改編成電影的《南海十三郎》，亦獲金馬獎「最佳改編劇本獎」及香港電影金像獎「最佳編劇獎」。

「我有責任將粵語話劇發揚光大，讓粵語話劇有它的獨特形象，不至被淘汰。」這是他的目標與使命。

仙姐觀賞《鄧碧雲夜遊古蹟》

妙筆寫名伶

杜國威自小與粵劇結緣，曾灌錄唱片《呆佬拜壽‧呆佬添丁》。

「我寫《劍雪浮生》，因為我是『任白迷』，我要寫出她們的故事……」

有人批評他寫的《劍雪浮生》不忠於事實，但他卻不以為然。

「他們沒有用戲劇工作者的角度去看戲，只是用知識去判斷……」他以堅定的口吻説：「我不敢説自己所寫的劇本，齣齣都好，但我每一齣戲也用『心』去寫。」

「估唔到寫得咁好！」這是「仙姐」（白雪仙）的評價。

杜國威自言：「我其實很喜歡唐滌生，也受他的啟發和影響。」

除了《南海十三郎》、《劍雪浮生》，杜國威也寫過不少
與粵劇有關的話劇，例如早期的《虎度門》，他塑造出名伶
冷劍心，寫事業上名成利就的她，怎樣在家庭、事業和感
情中取得平衡。此劇曾搬上銀幕，蕭芳芳憑精湛的演技，
捧走了第三十三屆台灣電影金馬獎的最佳女主角獎。

另一齣經典是《鄧碧雲夜遊古蹟》，杜國威將鄧碧雲
的事跡搬上舞台，以「獨腳戲」的形式，將她多采多姿
的一生，在短短一個小時內，簡潔有力地勾勒出來。劇本
雖短，但已道出了父女、夫婦、家國之情。自 2001 年首
演後，這齣戲便不斷重演，演出的場地，從沙田王屋、荃
灣三棟屋、孫中山紀念館、九龍寨城公園衙門……，以至
澳門的盧家大屋，全都是歷史文物古蹟。在古老大屋中觀
劇，感覺很特別，氣氛與劇情配合得天衣無縫。劇中的靈
魂是演員李楓，她外貌酷似鄧碧雲，演來神態活現，難怪
有「翻版碧姐」之稱。

《寒江釣雪》和《小明星》，寫於同一年，前者寫的是名
伶薛覺先，後者寫的就是歌伶小明星。

小明星的身世充滿戲劇性，也很辛酸，十多歲便開始
賣唱，幸獲撰詞家王心帆栽培成名。小明星獨特的唱腔，
固然是大家欣賞的元素；而她身世之謎，也是戲劇的理想

材料，所以杜國威將小明星的藝術成就，以及她與王心帆的微妙關係撰寫成劇。

《寒江釣雪》已於 2003 年首演；《小明星》則於 2014 年改名為《星海留痕》才登上舞台，由蓋鳴暉演小明星，黎耀祥演王心帆。據說，多年前李碧華籌拍電影《小明星》，認為梅艷芳是最佳人選，可惜梅艷芳逝世，計劃亦告吹了。

談及粵劇，提起名伶梁漢威，率性的杜國威難掩傷感之情。他與威哥的合作，始於《南海十三郎》，威哥演薛覺先。

「威哥是個有情有義的人，很懂得為人着想。」他說。

梁漢威生前，想將幾個故事搬上舞台，例如《竹林七賢》、《楊貴妃》、《柳永》……

杜國威一直想為威哥相體裁衣，寫一齣粵劇，可惜好友已逝。現實人生，難免有遺憾，他只好如此開解自己。

吾土與吾情

杜國威創作的劇本，貫串其間的，都離不開一個「情」字，在他的筆下，有血濃於水的親情、刻骨銘心的愛情、赴湯蹈火的友情，也有可歌可泣的家國之情。

《誰遣香茶挽夢回》劇照

　　有一陣子，他質疑自己的戲是不是太煽情，感到很迷惘。江蘇大學朱棟林教授評論他的劇作，卻令他振作起來。朱教授指出，中國很多劇作家都背負歷史和社會包袱，杜國威另闢蹊徑，用人與人之間的感情去寫，從而反映社會真實的面貌，可謂獨樹一幟。

　　杜國威認為自己的劇本，主要是受到中國傳統戲曲的影響，再結合本土文化創作出來的。

　　事實上，杜國威創作的劇本，大多扣緊香港的情事，洋溢着本土氣息。例如 1994 年的《城寨風情》，這齣由馮寶寶擔綱演出的百老匯式音樂劇，故事始於清道光年間築城牆防海盜，並以 1993 年居民面臨遷徙作結，透過兩個家族七代人物的悲歡離合、是非恩怨，反映出城寨這個小地方，實為香港社會的縮影，有繁華，也有黑暗的一面，在獅子山下，大家共同進退，彼此息息相關。

　　《誰遣香茶挽夢回》，則是回應九七回歸，慶祝香港話劇團二十周年之作，也是為汪明荃度身訂做的原創劇本。《誰》劇除了以「茶」喻示中國人的生活體驗，亦以「曲」表現中國人的文化涵養，反映新舊制度交替下，香

港社會的變遷。

在編劇路上，時有奇遇。杜國威告訴我一個真實的故事——

子鶩是先天血友病患者，在一次治療時，被誤輸有愛滋病毒的血液，因而受到感染。病重的子鶩，曾對外界表示很想成為「像杜 Sir 一樣的編劇」，後來在各方友好穿針引線下，他們終於見面了。杜 Sir 被子鶩的故事深深打動，決定為他寫一個舞台故事——《地久天長》，將愛滋路上的母子情，寫得淋漓盡致，不知感動了多少人。2000 年，杜國威初執導演筒，導演《地久天長》，張艾嘉亦憑母親一角獲得了香港電影金像獎最佳女主角獎。

2006 年，杜國威為澳門戲劇社編寫《我愛阿愛》，透過一段年齡、身份差距甚大的愛情故事，提出「愛為何物」的問題，並藉着家中各成員對愛情的不同處理，展現當代都市人對婚姻與愛情的看法。香港話劇團在 2008 年，將《我愛阿愛》搬上舞台，叫好叫座，獲香港舞台劇獎的「最佳劇本」、「最佳導演」（喜 / 鬧劇）及「最佳女配角」（喜 / 鬧劇）等獎項。

杜國威表示，這齣作品是根據真人真事改編的。

「有一次，我在拉斯維加斯，看見一間酒店前的音

樂噴泉，隨着意大利著名歌唱家 Andrea Bocelli 的歌聲上落、散聚，就如人生的變幻，給我很大的感觸，我將這些東西都放在劇中。其實，年輕人有年輕人的感情，中年人有中年人的感情，而感情和感覺是永遠不會過時的。」他補充說。

「我從劇場出來，對杜國威說：『你終於回來了！』……」小思對此劇給予高度的評價，認為這是「一個極其真切、有時代印記的活生生故事」。

杜國威的劇本，題材非常多樣化。《遍地芳菲》取材自「黃花崗起義」的事跡，這次起義雖以失敗告終，卻為後來的「辛亥革命」掀起序幕。此劇早於 1988 年首演，相隔廿一載，於 2009 年以新編版本再度公演。我沒看首演，重演時才去看。杜國威以「芳菲」比喻堅強不屈的中國人，如風中之勁草。故事講述多位歷史人物參與起義的過程，細緻描述了大時代下，人民的動盪生活、革命精神，以至家國之情。

為了增加演員對辛亥革命的了解，並深入體會劇中的家國情懷，香港話劇團還特地邀請小思，與一眾演員交流討論。導演陳敢權期待此劇能讓年輕的觀眾，了解中華民族百折不撓的生命力，希望他們能「重溫過去，展望將來」。

揮灑樂結緣

談到這裏，我問杜 Sir，他最喜歡的劇本有哪幾個？

「我寫的劇本像我的兒女，我齣齣都喜歡。」杜國威嘆了一口氣，接着説：「不過，劇本跟人一樣，也有不同的命運。《我和春天》和《南海》都比較『好命』。」

時至今日，這兩齣名劇在不少地方，包括香港、台灣、新加坡、加拿大、澳洲，以至內地⋯⋯仍不斷重演。

《我和春天》還有下一代，延續到 2012 年的《我和秋天有個約會》。由《我》劇的「原班人馬」，並特邀張敬軒演出，而且亦大受歡迎。可見其命之「好」！

我告訴他，《人間有情》是我最喜歡的一個劇本。他寫得很細膩，貫穿全劇的親情、愛情、賓主之情，以至家國之情，他拿捏得很準確，盡顯其編劇功力。此劇原作的對白本來用的是粵語，後來由我改寫成普通話，在《八方文藝叢刊》的第七、八輯，分兩期刊出。

杜 Sir 曾與不少著名演員合作，汪明荃是其中之一，除了《誰遣香茶挽夢回》，還有 2008 年的音樂劇《真係阿姐汪明荃》。他説：「阿姐是性情中人，為人坦率，我雖然跟她

杜 sir 獲港大頒發名譽院士

不算太熟，但她是可以交心的朋友……」

他人緣之佳，於此可見一斑。他近年為顧嘉煇寫了一齣音樂劇，以這位「香港樂壇教父」的名曲，貫串全劇。

人世間有太多的掙扎和糾纏，對人性觸覺敏銳的杜Sir，靠一份感性，寫出人與人之間種種細膩的感情。感情絕對不會過時，所以，他也永遠不會退下來。

* 本文圖片由 Edmond Mak 提供，謹此致謝。

杜 國 威 簡 介

杜國威，生於香港，原籍廣東番禺。六歲開始參與廣播劇製作，有「播音神童」之譽。畢業於香港大學地理系及中文大學教育學院，曾任教可立中學，倡導學校戲劇。1993-2002年擔任香港話劇團駐團編劇，2006-2011年為春天戲曲發展藝術總監。自小習畫，為香港中國美術會永久會員，亦為香港作曲家及作詞家協會永久會員。創作舞台劇本有六十多個，包括《我係香港人》、《聊齋新誌》、《我和春天有個約會》、《南海十三郎》、《劍雪浮生》、《我愛阿愛》等。電影劇本方面亦達三十多部，其中包括《上海之夜》(1984)、《刀馬旦》(1986)、《地久天長》(2001)等。杜氏為香港大學名譽院士(2005)，曾獲以下獎項：

香港藝術家年獎「劇作家獎」(1989)

三屆香港舞台劇獎最佳編劇 (1993、1994、2009)

兩屆香港電影金像獎「最佳編劇獎」(1994《我和春天有個約會》、1998《南海十三郎》)

香港電影編劇家協會劇本推介獎 (1994)

香港戲劇協會風雲人物獎 (1995)、終身成就獎 (2016)

台灣金馬獎「最佳改編劇本獎」(1997《南海十三郎》)

路易卡地亞卓越成就獎 (1997)

香港特別行政區政府「銅紫荊星章」(1999)

香港舞台劇獎傑出填詞獎 (2009)

談文學創作
與博雅教育

鍾玲專訪

讀鍾玲的作品久矣，從《赤足在草地上》開始，那時，我還在念大學。

真正認識鍾玲教授，是因為工作關係，那時，她已在香港浸會大學當文學院院長。

在浸大九年，鍾玲籌辦了不少文學活動，如「獅子山詩歌朗誦會」、「國際作家工作坊」、「紅樓夢獎：世界華文長篇小說獎」等。她致力於不同的層面提倡文藝創作，又曾參與語文、文學教師的培訓工作，對香港文學的發展帶來正面影響。

訪問她那天早上，第六屆「紅樓夢獎」剛揭曉，得獎作品是閻連科的《日熄》。

鍾玲是「紅樓夢獎」的創辦人，她在 2012 年退休後，一年後便到了澳門大學當鄭裕彤書院院長。這次回港，主要是擔任「紅樓夢獎」的決審，趁這個機會，我訪問了她，話題打開，就從「紅樓夢獎」說起，談得最多的，是她這幾年走進書院的工作，還有她創作的極短篇。

紅樓夢獎

鍾玲八十年代曾在香港大學任教，2003 年應香港浸會大學邀請再度來港，擔任文學院院長及講座教授。到浸大

第六屆「紅樓夢獎」得主閻連科（右一）與鍾玲合照

之前，她曾在台灣中山大學擔任文學院院長和高雄大學任教務長。

「我從沒想過，香港的大學，有這麼大的空間和發展機會。」在大學推動文學創作，一直是鍾玲的心願。

「靠着有心人的捐款，我辦起了『國際作家工作坊』和『紅樓夢獎』。」獎項以《紅樓夢》命名，希望每兩年在當代華文小說當中找到一部經典級的小說。

「紅樓夢獎」已辦至第六屆，上一屆的獲獎者是香港的黃碧雲，得獎作品《烈佬傳》，小說以香港方言粵語寫成。

「小說雖然讀起來比較吃力，我卻十分欣賞。王安憶認為要保持文學的地方特色，須靠方言，她非常佩服黃碧雲嘗試的勇氣。此外，黃子平也贊成用粵語寫作。」

粵語寫作固然是小說的一大特色，不過，她更欣賞的是黃碧雲在此小說中的突破，一反以前作品中的張揚，以

極其內斂、簡約的風格，描繪香港最底層、最邊緣的一群人，鮮活地描繪出一個與自己迥異的世界。

「閻連科的《日熄》也是突破之作。」鍾玲如是說。

有別於閻連科以前的作品，如《四書》、《炸裂志》，《日熄》沒有明顯的政治諷刺，內容回歸到對個人和人本身靈魂的關注，可說是一部探討人性的小說，帶有卡夫卡式的怪異。故事發生在一個晚上，小村莊裏的村民集體夢遊，有人趁機搶劫、也有人心存善念，犧牲自己去救人⋯⋯

小說以一個十四歲的鄉鎮少年為主角，透過夢遊者的語調道出虛構的「世界黑夜」，暗喻紛亂的現代中國社會，人人恍如夢遊患者，世界徹底失去了秩序，如何讓人們回歸現實，找尋新的生存價值，是小說主要探究的核心。

據說，寫作這部長篇小說，對閻連科來說，挑戰極大，小說修改了至少十次以上，而他因寫作關係，頸椎、腰椎都受了傷。

國際作家工作坊

至於國際作家工作坊，原是「吳清輝校長主動提出來的計劃」。

　　每年舉辦的國際作家工作坊，「把內地、台灣和外國的重量級作家帶到香港，形成了一個很好的國際交流平台」。

　　工作坊每年舉辦兩次活動。在春天，邀請一位華文作家為「駐校作家」，曾獲邀的作家包括陳映真、瘂弦、黃春明、駱以軍、閻連科等，都是重量級人物，為香港的文藝愛好者、學生，帶來了交流、學習的機會。

　　「2004 年，我們原本邀請的是黃春明，是吳清輝校長建議的，他極欣賞黃春明的小說，對他的作品評價很高。不過，後來黃春明因喪子之痛推辭了，於是改請了陳映真……」談起往事，鍾玲不無感慨。

　　五年後，黃春明終於來了，任浸大「駐校作家」，並主持小說創作工作坊。

　　被譽為鄉土作家的黃春明，他的作品「觸動了我們的眼淚，也為我們帶來微笑」。在課堂上，他談及他的啟蒙老

師、閱讀經驗、生活體驗，還有他一直的堅持——「為人生而藝術」。他的熱誠、懇切，還有天真，活脫脫就像他小說筆下的人物。

至秋天，工作坊擬定不同的主題，邀請五至九位不同國籍的作家擔任「訪問作家」。第一年是「後殖民地英語國家的作家」，作家來自南非、馬來西亞、印度⋯⋯

鍾玲印象最深刻的，是 2005 那一年，主題為「瞭解伊斯蘭世界及其作家」，參與的作家多是穆斯林，來自伊朗、巴基斯坦等地。

「他們的思想比較自由開放，我還帶着這班作家到北京去，到當地的大學交流。」提及往事，鍾玲臉上流露出滿足的微笑。

走進書院

2012 年，她自浸大退休後，回到台灣，豈料，2013 年，她得到澳門大學程海東副校長的邀請，到澳大當書院院長。

從台灣到美國，再到香港，曾遊走於不同的大學，本來已決定退休，為何又選擇走進澳門大學的校門呢？

「我早就認識澳大的程海東副校長，他曾任東海大學

校長，積極推動博雅教育，我很佩服他的教育熱忱，也非常認同他的『書院理念』。透過住宿式書院推動博雅教育，可以培養更多優秀的通才。」

鍾玲在學術界多年，在大學兼任行政教學工作，但「從未站在真正的前線，走進年輕人的世界」。在澳門大學，每間書院院長都有充分發揮的機會，可以建立書院自己的風格，這是吸引她走進鄭裕彤書院的主要原因。

鍾玲認為，各地的大學為了爭取世界排名，資源大多投進學術上的競爭，因而忽略了學生的人格教育。教師為了爭取研究經費，為了在一流期刊上發表論文，對本科生付出的精力減少了，學生得不到老師的身教。

她強調：「在大學，人格教育是極需加強的一環。」

推動學生的人格教育，是她的目標；培養對社會有承擔、富有人文素養的學生，是她的理想。

「我覺得大學四年是個很好的機會，在年輕人的人格形成的最後階段，教會他們如何與人相處，如何關懷和付出，讓他們在人生路上，能朝着正面、有意義的方向往前走。」

在四年內，怎樣令一個大學生成熟起來？當了三年的書院院長，面對着五百個學生，她的團隊，包括副院長、

導師，還有高年級學生擔任的小老師。她期望書院像家一樣，帶給學生關懷和溫情；同時也會舉辦一些中國文化、歷史、文學、電影的工作坊和演講等活動，讓學生成為有文化教養，有責任感、有愛心、有遠見的人。

書院舉辦的活動很多元化，不少活動都由學生參與策劃執行，讓學生學習學術以外的東西，訓練他們處理人際關係的能力、領導的能力，例如「院生會領導力訓練營」。

當然，少不了與文學有關的活動，如「澳門香港詩歌朗誦會」，此外，她也請來了王安憶、閻連科等作家演講、主持創作工作坊等。

有些小組活動很生活化，也帶有文化教育意義，由小老師負責籌辦，如「弄『葡撻』」、「放風箏」，吸引不少學生參加。

應邀到訪的學者中，令她印象至為深刻的，是李焯芬教授。李教授是水利工程專家，但他在中學時，卻很喜歡閱讀和寫作。他讀了不少三十年代的文學作品，了解到旱災、水災給老百姓帶來的苦難，所以立志要去念水利工程，以期紓解民困。李教授的分享，給學生們帶來很好的啟發，學生從他個人的生活經驗中，可以學習到如何規劃人生。

這正正體現了書院培養學生「全人教育」的方向。

這年的母親節，鍾玲收到學生送來的「心意卡」，這份意料之外的禮物，給她帶來驚喜，也給她的工作，帶來一份肯定。

極短篇創作

談到創作，鍾玲自言「在浸大九年，全心全意應付院長職務，長篇小說、散文固然無時間寫，甚至短篇、微型小說也未曾寫過，只寫了幾首詩，偶爾還會寫點散文。」詩集《霧在登山》便是那個時期的作品。

她從浸大退休後，回到台灣，打算全面投入創作。誰料，半年不到，2013 年初，她又得到嶺南大學的邀請，回到香港，擔任賽馬會傑出現代文學訪問教授。同年 8 月，她走馬上任，到澳門大學當書院院長。於是，她原先的創作大計又得暫停。

這幾年間，她的工作壓力沒那麼大，於是又開始創作極短篇小說，分別刊於香港《大公報》和台灣《聯合報》的副刊上。她習慣早起，一般早上六點起床，寫作一個半小時左右，然後才開始工作。每月寫一篇，已發表了三十多篇作品。

創作源於生活。鍾玲寫的小說，也扣緊她的生活。

「我會用親自去過的地方做場景，來發展故事，加上自己的一些感受……」她往往會從自己的經歷出發，構想故事情節，然後寫成小說。

鍾玲信奉佛教，喜愛研究古玉，也喜歡遠足。她的作品之中，有僧人的故事、登山的故事，還有，她最擅長的「靈異」故事。

「我有『第六感』，也相信『潛意識』……」小說〈忠魂〉，透過她在嶽麓山上的經歷，寫出了抗日戰爭時期，在湖南陣亡將士的事跡，筆下的「靈怪氣息」，讀來真的會教人「驟生寒意」。

在〈安樂登山〉，本來想登山尋死的俞安樂，最後竟愛上爬山，重覓生命的意義。虛構的人物，真實的場景，交織成這樣的一個小故事，道出生命裏陽光的一面，帶出正面的信息，令人讀後，也會反思自己的人生。

　　以前在香港，圍繞在她身旁，有不少文友，常定期聚會，一起談文論詩。幾個月前，一班朋友到澳大去探望她，在她宿舍的客廳中，她也主持了一個小型朗誦會。有詩友唸詩，她則朗讀自己的一篇新作〈思慕〉，小說透過擁有陰陽眼、能感應鬼異的妹妹，寫出了姐姐身邊一個追求者的故事，這個年輕人被拒，卻因急病去世，姐姐追悔莫及……。這個故事的靈感，源於她自己在大學時的經歷。

　　她筆下的親情、友情、愛情，固然教人共鳴，她的創作也帶出了自己對生命的感悟。

　　「創作不單要感動人，也要令人有所感悟……」鍾玲道出了對創作的要求。

鍾玲與作者攝於南韓

寫作計劃

　　2012 年 9 月，退休後的鍾玲，回到高雄的老家，計劃創作一部長篇小說，講述人與動物的故事。

　　「我在港大教書最後的一年，養了一頭狗，後來還把牠帶回高雄一起生活，那是一頭斑點狗，十二歲時才離世。」怪不得她有這樣的寫作計劃。

　　「小說剛開了個頭，大約寫了二、三萬字，便擱置下來。」

　　看來，鍾玲教授要正式退下前線後，才有時間去完成她的長篇小說，讀者可能要繼續耐心等待了。

---

* 本文頁 121、頁 129 圖片由鍾玲提供；頁 123、頁 125、頁 133 圖片由香港浸會大學文學院提供。謹此致謝。

作者補誌

香港浸會大學文學院於 2005 年創辦「紅樓夢獎」,每兩年一度選出一本傑出長篇小說為首獎作品。第七屆「紅樓夢獎」首獎,由內地作家劉慶以《唇典》奪得。小說描寫東北滿族烏拉雅人,如何在動亂世界中掙扎求存。頒獎禮已於 2018 年 9 月 20 日舉行。

鍾玲教授是「紅樓夢獎」的創辦人,她在 2012 年自香港浸會大學退休,其後便到澳門大學當鄭裕彤書院院長。至 2018 年 3 月,因患上骨刺,她又退下來,回到台灣高雄的老家養病。

這天,她站在頒獎台上致辭,神采飛揚,不禁想起兩年前的專訪,我們就是從「紅樓夢獎」說起⋯⋯

頒獎禮結束後,跟鍾教授聊起來,經數月治療後,她已逐漸康復。

鍾玲教授學佛近二十年,至今仍創作不輟,她近年寫作的極短篇,題材不少與佛教有關,作品多刊於《溫暖人間》佛教雙周刊。

鍾 玲 簡 介

鍾玲，出生於重慶，成長於台灣，東
海大學外文系學士，美國威士康辛大
學比較文學系碩士、博士。曾在紐約
州立大學艾伯尼校園、香港大學中文
系、台灣中山大學任教，2003-2012 年
於香港浸會大學任文學院院長及協理
副校長、2013 年起於澳門大學任鄭裕
彤書院創院院長，現已退休。在香港
浸會大學期間，她負責創立國際作家
工作坊與「紅樓夢獎」。著作包括散
文集《赤足在草地上》、《日月同行》、
《大地春雨》、《我心所屬——動人的理
想主義》；小說集《生死冤家》、《大輪
迴》、《天眼紅塵》、《鍾玲極短篇》；詩
集《芬芳的海》、《霧在登山》；文學評
論《史耐德與中國文化》、《中國禪與美
國文學》等。

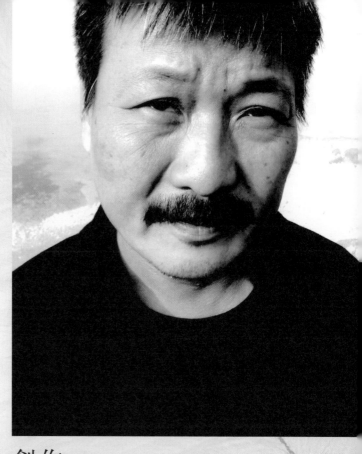

創作，
　是為了尋找自己
黃仁逵專訪

工作室大門

第一次見到黃仁逵，是在 1999 年。

「詩畫展——悠揚四季」在香港中華文化促進中心舉行。

他與綠騎士對談，我是聽眾之一。

一晃眼，十多年過去了。

黃仁逵是爽快的人，我在電話中提出專訪的邀約，他沒多問，便答允了。倒是訪問的場地，大家花了點時間斟酌，最後敲定了，就在他的工作室。

「你知道灣仔街市在哪裏嗎？……工作室樓下有間 Circle K 便利店……」

原來是熟悉的地方，我曾在灣仔工作，接近十八年。

訪問那天，我早到了，先到春園街轉了一圈，赫然發現，大部分的店鋪都不見了，連位於街道中心的地標——公廁都消失了，幸而，金鳳茶餐廳仍然存在，店內擠滿客人，生意仍然這麼好！

我繞過皇后大道東，走到太原街去，在匡智會餐廳吃點東西，然後朝灣仔道的街市進發。

走上二樓，按鐘。鐵閘已打開，只見門上貼上「執筆忘字」，橙紅色的紙雖已開始褪色，但黑色的毛筆字仍在，旁邊是「勿擾」二字。

走進室內，眼前的工作室，是出乎意料的整齊，一幅未完成的畫作靠牆而放，牆上掛上不少樂器，牆邊木架上有唱片……牆角的書櫃、假天花內隱藏的層架皆放滿了書，還有一個停了的鐘。

我放下背囊和環保袋，在書桌的一端，坐下來。

他的大花貓不知從哪裏躍出來，走到我的腳下，原來就是「烏鼻」。

不一會，牠便消失了，不知溜到哪裏去。

工作室很安靜，跟外面喧囂的世界完全不一樣。

就在這樣的一個寧靜下午，我和他面對面，坐在書桌的兩端。

黃仁逵一邊抽煙，一邊與我聊將起來。

話題當然離不開創作……

創作，就是自在

黃仁逵自稱「畫畫的人」，他一再重申，他不是畫家。

七十年代的法國對不少人來說，是一個藝術的聖城。1973 年，他帶着闖天下的決心，遠赴巴黎，跑到傳聞中的聖殿去。

不過，到巴黎後，黃仁逵發覺聖殿已不復存在，就像現在回顧過去，當年的法國亦不存在。整理出來的東西，在書本中記錄下來的，其實已成歷史。

「發覺自己竟然不知道人家在做甚麼，不知人家的好處在哪裏？人家已走得很遠……」在這樣的衝擊下，他留在巴黎六年。

他在巴黎，除了學畫，看畫展，也看「看畫展的人」，在人們身上，可以看到更多。

「巴黎的文化氛圍，跟香港完全不一樣，他們看書、看電影，也聽音樂……」

黃仁逵説當年的自己，對世界的認識不夠全面。不過，年輕有年輕的好，沒有既定的框框，沒有成見。年紀大了，已有既定的價值觀，自省能力較弱。

甚麼是創作？在黃仁逵的世界裏，創作是──

　　「創作的起點，就是不知道自己想『點』。創作是為了
尋找自己，作品只是副產品而已！」黃仁逵如是說。

　　「每個人本身已有創作的能力，創作，是繼續去發展
這種能力⋯⋯用創作去尋找創作，作品是為了找出『我是
誰』。」

　　創作就是「自在」！

　　所謂「自由自在」，其實就是「在禁忌與禁忌之間浪
蕩游弋」。

窮，可刺激創作

　　黃仁逵曾為三十多部電影擔任美術指導，包括《省港
旗兵》、《秋天的童話》、《女人四十》、《半生緣》、《好奇害
死貓》及《圍城》等。他曾憑《癲佬正傳》獲得了 1987 年香
港電影金像獎最佳美術指導。

　　甚麼是「美術指導」？

　　黃仁逵說：「電影拍出來，基本是要令觀眾入信，
這是導演的責任。『美術指導』是誤譯，電影中的 Art
Director 不是要把角色裝扮得美，而是要處理電影在視覺上
的所有問題，協助導演完成其工作。當我們要處理一個場
景、演員的造型，或整齣電影的視覺，美不是唯一考慮，

如果美等於悅目的話。這跟美無關，是跟說服力和劇情需要有關。」

話題轉到電影《酒徒》，黃仁逵是《酒徒》的「美術總監」。編導是黃國兆，眾所周知，黃國兆是資深影評人，當導演還是第一次。

黃仁逵在巴黎念美術學院的時候，黃國兆也在巴黎念電影學院，大家相識於微時。黃國兆很喜歡劉以鬯的經典小說《酒徒》，多年前已買下小說的電影版權。將這部小說搬上銀幕，一直是他的夢想，為了協助老朋友完成多年的心願，很多朋友都來幫忙，連遠在法國的 Mary Stephen 也來當剪接。

改編這部六十年代的名作，固然不易，拍攝電影的時候，既有資金的限制，也有時間的限制。

「不過，『窮』也可以刺激創作，就像以前中國的農民，因為貧窮，才想出麵粉多種不同的煮食方法，麵粉可製成麵條、餃子、饅頭……」

資金有限，要拍六十年代的香港，最難就是找場景，別無選擇，唯有多拍室內，少拍外景。幸好製片找到一棟快要改建的舊樓，成了最理想的拍攝場地，而且不用將改裝了的樓房還原交回，既省時，也省錢。

　　他們在閣樓上發現了一疊六十年代的舊報紙，本是原來的居民用來擺放棉被的，在拍攝風雨交加的場景時，便用來貼在玻璃窗上，順手拈來，已是上佳的道具，雖然有點發黃，幸而燈光是昏黃色的。

　　《酒徒》就是這樣拍成的。

　　在電影圈中，黃仁逵多是擔任「美術總監」，但在《籠民》中，他卻嘗試了編劇的工作。

　　《籠民》是多年前舊作，由張之亮執導，以香港特有的籠屋住客為題材，反映老弱低下階層人士的生活，獲得1993年香港金像獎最佳影片、導演、編劇和男配角四個大獎。

　　談及籠屋，「香港的窮人，並不是世界上最窮困的一群，何以有籠屋出現？這是香港特殊環境下的產品。」

　　籠屋的居住環境非常惡劣，房東租出床位，租客自行加上鐵絲網及掛鎖，黃仁逵指出「這是因為租客不信任他人」，互相防範、互相猜疑使然。

　　不去露宿街頭，每月花上千多元的租金，租住籠屋，他認為那是「安全感加上面子問題」。像舊租客查理（Joe Junior扮演的角色），他曾在籠屋住了十多年，突然回到天橋底露宿，其後在碼頭找到穩定的搬運工作，又回籠屋參加聚會，就好像華僑一樣衣錦還鄉。

也許這是中國人的價值觀，「窮一生的精力去供樓，不去租屋而去買樓，當業主是否比租客更高檔？」

「這是中國人的悲哀，不問情由，全盤接受。」

黃仁逵感嘆，在中國人的社會，有所謂「長幼有序」。老一輩的人，自以為是權威，經歷很多，不信任年輕人，而年輕人有時會拒絕成長，其實他們可以從「撞板」中學習，無包袱，學習反而會更有效率、更快！

畫出魚的味道

「每個人天生會畫畫，但到六歲後便停止。很多小朋友學畫，只是為了迎合大人，這不單會妨礙他們的進展，而且會扼殺創作。」

談到美術教育，黃仁逵認為只教技法是完全不足夠的，學生需要學的，其實還有很多其他的東西。

他強調，觀察非常重要，要是肯換個角度看，自然有不同的視野。此外，培養對事物敏銳的觸覺也相當重要，「光是觀察而不去嘗試消化的人，只是一部閉路電視」。

「為甚麼現在的教育要弄得這麼煞有介事？」他提到五十年代，美國有間 Summer Hill School，學生回到學校，遊戲過後便快快樂樂地下課。

「香港的學校教育，功課不少，束縛也太多。為甚麼不讓小朋友從遊戲中學習？」

黃仁逵曾教過三個小朋友畫畫，其中一個還是自閉的。如何去引導他們，他有自己的方法——啟發他們思考，鼓勵他們用畫畫去表達自己感受，以有形狀的東西去表達無形狀的東西。

有趣的、生活化的題材俯拾即是，老師要鼓勵學生找值得畫的東西。

例如，他曾引導小朋友——

「將午飯時最好吃的東西，用畫筆畫出來……」

「不同的魚，有不同的味道，要將魚的味道畫出來……」

「不同的糖果，例如果汁糖、拖肥、朱古力，也有不同的味道，用不同的形狀表達不同甜味。」

他以香水為例，如何描述香水的優點和缺點，不用「香」字，那就要訓練自己的嗅覺，不能人云亦云。又如「紅酒」，有人用「百厭」去形容，其實即是指 "active"，熟悉酒的人便會明白甚麼意思。

一言以蔽之，就是要將自己的觀點具體描述出來。

黃仁逹在玩樂器

跳出框框圈圈

除了繪畫，黃仁逹亦熱衷於寫作，作品發表於不同的報章雜誌。1998 年，他出版散文集《放風》，獲得了第五屆中文文學雙年獎散文組首獎。

《放風》收錄的全是四百餘字的短文，分兩輯：第一輯「四百擊」，以人物為描寫對象；第二輯「畫外音」，主要是討論藝術的文字，尤其是繪畫的問題，反映了他的藝術觀。

作為一個繪畫人、電影工作者，黃仁逹對色彩的運用和鏡頭的調度很敏感，因此塑造人物形象時，就像拍電影，同時顧及場景和現場氣氛，在「佈局」上特別花心思，筆下的小人物都活生生地呈現在讀者眼前。

　　不少教文學創作的老師，他們愛以「四百擊」中的作品為範例，引導學生創作。

　　「創作是個人與社群的溝通。創作來自生活，跑到街上去，迎面而來的東西多的是，我們要去觀察、感受⋯⋯最能感動人的，是活生生的人與真實的事。」

　　寫作不一定要在學院或跟專家學習，「眼前的事物、身邊的人，會教給我們更多創作的竅門。」細緻的觀察、真切的感受、深入的思考，正是創作的不二法門。

　　黃仁逵認為，「教師要鼓勵學生互相討論交流，甚至爭議也好，要打破約定俗成的東西。」打破成見、跳出框框，然後才能開展自己的創作。

　　他批評時下的年青人，「很多人都有獲獎心態。想要得到別人的肯定，想出人頭地，結果令創作停滯不前。」

黃仁逵畫作

文字與繪畫，為藝術中的不同範疇，「繪畫比文字老，已有七、八千年的歷史。文字較年輕，也較為脆弱，亦有限制，然而，有時候，文字的描述更精準。」

《放風》出版時，黃仁逵為他的文章重新配上插畫，文字與畫的結合，兩者可互補，也可以撞擊出另一種效果來。「插畫不是重複文字所描述的東西，是要表現文字以外的氛圍，類似電影中的配樂。」他補充一句。

遊走不同界別

黃仁逵遊走於不同的界別，畫壇、電影圈、文壇、藍調樂壇……

「小說家可以作曲、繪畫，舞蹈家亦可以嘗試寫書法、寫詩。」

他鼓勵長時間集中精神做某項工作的人，不妨發展不同的興趣。在一片土地上，多鑿幾口井，從容一點地做，就當作休息好了。

跨媒體創作對他來說，可令頭腦清醒，讓媒介之間互相補充，能避免墮入「慣性」的窠臼，甚至治癒「創作疲勞」。

「人們說我涉足許多不同的媒介，其實我只有一個

烏鼻——黃仁逵的大花貓

媒介，就是『自己』。」

話雖如此，繪畫才是他最愛。

一切從心出發，黃仁逵每天畫畫，視之為「休息」。他的畫作，色彩斑斕，童趣盎然。他不會用畫去表達對政府不滿，「創作不是這樣的，太煞有介事了。」

想像力是創作及觀賞的鑰匙！

「繪畫不單是『視覺』藝術，它是關乎整體心靈的，譬如我畫了三隻橙兩個蘋果，你只能看見三隻橙兩個蘋果，就是甚麼也沒有看到。看起來似甚麼便算明白甚麼，這是個很笨的欣賞角度。」

當然，創作也不是猜謎遊戲，「畫畫，不一定要表現甚麼。」

　　繪畫之道，不在於呈現甚麼，而在於如何呈現。信
焉！

自家攜來，自行帶走

　　訪談結束時，「烏鼻」又出現了，搖搖晃晃的，剛睡
醒的樣子，也許是起來跟我告別。

　　繪畫寫文作曲奏樂皆精的「阿鬼」黃仁逵，說話亦言
簡意賅，如果思考慢一點，都會跟不上。

　　記得黃仁逵曾說過，畫作常以數字編號為題，觀眾可
憑個人取向「入」畫，任何感覺投射，自家攜來，自行
帶走。

　　這個訪問，話題扣緊創作，亦當作如是觀。

＊　頁 146 圖片，由 Sin Sin Fine Art 提供；頁 135、頁 144、頁 148 圖片，由
　　黃仁逵提供。謹此致謝。

黃 仁 逵 簡 介

黃仁逵，原籍廣東梅縣，1955年生於
香港，曾就讀於巴黎國立高等美術學
院。回港後一直從事藝術創作，主要
為繪畫，旁及寫作、電影、音樂。曾
為多部電影擔任美術指導，包括《癲佬
正傳》、《秋天的童話》、《女人四十》
及《酒徒》等。曾於《華僑日報》、《新
報》、《星島日報》等撰寫專欄，作品現
多發表於《明報周刊》、《香港文學》、
《作家》等。著有散文集《放風》及《眼
白白》等。《放風》獲第五屆中文文學雙
年獎散文組首獎。

劇場無疆界，
　　從「致群」說起
張秉權專訪

認識張秉權多年，他是新亞中文系的大師兄。

前幾年，因工作關係，常往灣仔的香港演藝學院跟他開會，談工作坊細節、取教學參考資料……

這一趟，來到柴灣，第一次走進青年廣場的香港藝術學院，為的是訪問這位資深的戲劇人——集編劇、導演於一身，致力推廣戲劇教育的文化前輩。

師兄忙於工作，好不容易才找到這個時段，約到他做專訪。

話匣子打開，當然從「致群」說起……

細說從前

致群劇社是香港資深的業餘劇社，張秉權是創辦人之一。

為甚麼創辦致群劇社？

那就得從五十年前說起……

1966 年，張秉權進入中文大學的新亞書院，那時的新亞，校址仍然在土瓜灣的農圃道。

「念大學那幾年，中國的變化很大，文革始於 1966 年；香港的變化亦很大，1967 年的暴動，對我的衝擊也很大……」

　　對年青人來説，那的確是個風起雲湧的年代。張秉權開始思考社會問題、國家問題，也開始探索自己的人生路向。

　　在這段日子裏，跟不少熱血青年一樣，他開始投身學生運動。除了當上學生會的秘書，張秉權也曾擔任「時事委員會」的主席，經常舉辦活動，組織座談會，積極參與時事的討論。

　　印象最深刻的一次，是「珍寶島事件」，中國和蘇聯因珍寶島的歸屬問題，於 1969 年 3 月間在島上發生武裝衝突事件，引起了大家的關注。他們在新亞的禮堂——誠明堂——舉辦了一個討論會，整個禮堂密密麻麻擠滿了老師和同學，甚至連窗台都坐滿了人，嘉賓講者包括歷史系的王德昭教授。當時的盛況，令他至今難忘。

　　與此同時，張秉權也加入了新亞戲劇學會。1970 年，學會以《上岸》一劇，參加了第五屆學聯戲劇節的比賽。這是他參與編導的第一個作品，透過幾次訪問，蒐集資料，將愛秩序灣艇戶貧困的苦況反映出來。

　　「那是個不成熟的作品，『主題先行』，藝術上絕不成功。但這次的經驗，卻為我帶來很大的收穫。」因緣際會，他認識了一群志同道合、愛好戲劇的朋友，從此踏上了戲劇探索之路。

當時的年青人，參與的文藝活動，主要有三方面：一是參加文社；二是拍攝實驗電影；三是組織劇社。張秉權選擇了第三條路。

「致群」，就是這樣誕生的

劇社創立於 1972 年，成員主要來自新亞，包括陳淑蕙、張愛月、蘇彩妍、方競生等。後來陸續加入的，還有崇基的白耀燦、聯合的張華慶等。

「致群」的命名，亦含義甚豐。「致」，既有「羅致」人才之意，亦有把劇作「致送」予社群的意思。

劇社成立之初，他們曾到新亞書院附近的女童院，作小型演出，反應相當不錯。

在 1973 年，首次在大會堂公開演出，「致群」搬演了蕭伯納的《魔鬼門徒》。劇本的主題，正是人生方向的探索，也許，這也是他們當時面對的問題。

除了演出之外，劇社也回饋母校，他們大多以校友的身份，當系際比賽的評判、演出的顧問、講座的嘉賓等等。在七十年代初期，他們已經開展了戲劇教育的工作。

文革結束後，在 1978 年，「致群」同人曾組團北上，到北京、上海、杭州等地參觀、訪問、觀摩、交流。他們到過

中央戲劇學院、上海戲劇學院，亦有機會見到了張庚、陳顒等劇壇前輩。張秉權是團長，大部分的團員是劇社的成員，也有其他知名人士，如黃繼持老師、黎覺奔先生等。

七十年代，可以説是「致群」的探索期，除了演出之外，他們不斷看戲，也看書，甚至舉辦研討營，期望從實踐中提升自己。

在七十年代末期至九十年代初期，他們出版了《戲劇參考資料》，選刊有關戲劇理論的文章，期望在戲劇藝術方面作多方面的探索，當時對業界也有一定的影響。這份文摘式的刊物，每月一本，出版了四、五十期，後來他們停刊後，由何偉龍領導的灣仔劇團接棒，出版《劇訊》。

七十年代末到八十年代初，「致群」曾改編台灣的鄉土文學，將幾部著名的小説搬上舞台，如陳映真的《夜行貨車》、《將軍族》，以及黃春明的《兒子的大玩偶》等。

《魔鬼門徒》是「致群」第一次大型製作

「致群」出版的《戲劇參考資料》

《將軍族》的場刊封面

《武士英魂》在廣州演出的場刊封面

《人啊，人！》的場刊封面

至八十年代，「致群」開始步入「成熟期」，積極參加「戲劇匯演」的活動，朝更高的藝術境界邁進。

1980 年，原創劇《檔案 SG-37》面世，編劇是方競生，社工的工作為他提供了不少活生生的素材。未婚媽媽的故事，在當時來說，題材相當大膽，也帶來很多反響和好評。此劇的女主角是羅靜雯，當時她正在念中四，首次踏足舞台，便演活了一個未婚懷孕的中學生。其後，羅靜雯亦走進戲劇界，加入了中英劇團，如今已成了「影話戲」的藝術總監。

三齣重要作品

「七十年代初，觀看電影《武士英魂》（*Man of La Mancha*），已想將這齣戲搬上舞台。」談到「致群」的重要作品，張秉權如是說。

結果，夢想成真，1982 年，「致群」成功將這個音樂劇搬到香港舞台上，最後

並在新伊館的偌大舞台謝幕。《武士英魂》是戴爾・華沙文寫於六十年代的百老匯音樂劇，以「人應該在逆境中堅持自己夢想」為主題。劇本既富傳奇色彩，又不乏娛樂性，加上動人的音樂與歌曲，所以大受歡迎，在 1983-1985 年曾三度重演。

The Impossible Dream 這首主題曲，曾流行一時，那些年的文青，誰不懂哼幾句？唐・吉訶德這個追求夢想的人，為很多追逐理想的年青人，燃點了希望。

正如張秉權所説，《武士英魂》寫的是一個放諸四海而皆準的道理——「做人，就是不能蠅營狗苟，不能像條行屍走肉，如果事物是不合理的，就要敢於抗爭，如果現實是污穢殘酷的，要敢於做一個堅忍的不妥協者。」

這次演出，台前幕後，皆為一時俊彥，既得到音樂家草田為此劇編曲，亦有何應豐當舞台設計。

「這個音樂劇的演出，空前成功，吸引了不少人投身

舞台，從此走上了『戲劇』這條不歸路。」張秉權笑着說。

　　另一個重要的作品，就是 1979 年製作的《飛越瘋人院》，此劇亦是戴爾・華沙文的作品，寫的是對建制的反抗。「透過桀驁不馴的麥梅菲，不斷向瘋人院的不合理規章制度挑戰。」麥梅菲在病院裏，遇到了一班各有特色的「精神病人」。他看不慣病院的管理方法，於是用自己的一套，帶領這班病人活出自我。

　　好幾位「致群」的演員，如鄭兆庭、麥洛新、許遠光、古煒德、周育良、許志強、林偉年等，演活了那群瘋人院中的「精神病人」。

　　第三齣重要的作品，就是《人啊，人！》，此劇於 1985 年首演，深獲好評，並於 1986、1987 年重演。至 2006 年，適逢文革結束三十周年，「致群」重新演繹此劇，期待年青的一代，能透過觀賞此劇，對中國近代史增添了解，

同時肯定人性善良的一面。

《人啊，人！》改編自戴厚英的同名小說，張秉權亦
是改編者之一。故事發生在文革結束後，寫的是內地知識
分子的道路，反映出知識分子對國家的感情，對未來的希
望，劇中既有家國之情，亦有愛情、友情……

這三部作品，都是「致群」的大製作，張秉權亦有參
與導演的工作。劇作背後的精神，正好反映了「致群」的
成立背景，亦緊扣了劇社「團結友愛、切磋劇藝、加深對
社會人生之了解」的宗旨。

戲劇，可以引入更多的可能

從八十年代末至九十年代的中期，由於工作關係，張
秉權較少參與「致群」的製作。

在這段期間，他撰寫劇場評論比較多，同時，亦不斷
地思考戲劇藝術的可能性、多元性。作為表演藝術，戲劇
的即時性、開放性，可帶來多重的解讀，亦可以引入更多
的可能。

他特別舉出 1994 年的《髮力無邊》為例。這是個集體
創作劇，張秉權有意識地引入「編作劇場」的理念，作品
沒有劇本，一切在排練時引發出來，由一些概念、一種感

覺，或是一件事情出發，靠演員、導演、編劇，即興在排練場內，互動創作，換句話說，即是集體"Jam"戲。

在《髮力無邊》的排練過程中，他們引入中國古典文學對「髮」這個意象的描述，如「髮妻」、「白髮三千丈」、「剪髮、賣髮」……這個實驗性的探索，非常有趣，亦帶來不少討論。

1996 年，白耀燦創作的歷史劇《瞿秋白之死》公演，張秉權在導演重演版的過程中，亦作出不少新的嘗試，在文本以外，他刻意加插了兩段開放性的演出，可說是一種戲劇藝術上的探索。

其中一段是「敲門」戲，舞台上的演員四散，自然地往前敲打，叩問前路，伴隨着另一位演員在舞台邊敲擊木板，有徐有疾，輕重緩急之間，形成內在的節奏，聲音自由流動，時間大約七分半鐘。另外一段，是「摸着石頭過河」，以燈光效果，將演員走過險灘、互相扶持的過程描畫出來。

導演試圖以此突顯尋找中國路向的艱難感。

這個實驗性的創作，帶出疏離的效果，突出舞台不受固定限制的可能性。

「吳萱人看完演出後寫劇評，指出這個『敲門』的意象，在他的腦海中，一直揮之不去。」

除了導演，在創作劇本方面，張秉權也不斷尋求突破。

為了向林徽音、梁思成致敬，張秉權在 2002 年創作了
《陽光站長》一劇，在這個劇本中，他刻意打破傳統，以不
同的手法，將四場戲寫出不同的風格來。

第一幕「林徽音和他們」，是傳統的寫實戲，主要介
紹林徽音的個人背景、家庭和社交圈子；第二幕「一次
演講會：佛光寺的『發現』」，透過具體事件的「重現」，
交代發現唐代古建築的經過；第三幕「陽光、站長及其
他」，場次較多，以流動之筆寫日本侵華，夫婦奔波於不同
的地區中；第四幕「城牆公園上的生日會」寫的是個夢，
呈現林徽音臨死前的憧憬……

無論是「編」還是「導」，張秉權銳意打破傳統的規
範，在創作上一再作出突破性的試驗。

2012 年，「致群」成立四十周年，他們製作了《七位
導演眼中的 40@2012》。

「劇場本身是個開放性的空間，趁着這次機會，邀請了
多位朋友，拋開框框條條的束縛，享受藝術創作的樂趣。」
七個導演按照自己獨特的意念，各自選取不同的題材，既
編且導，在二十分鐘內，與觀眾分享一段又一段的生命
感覺。

張秉權編導的《夢兮》安排在第六段，演出者包括白耀燦、余世騰及王侯偉。三個後台工作人員，借助舞台上的餘光，在裝景、換景的邊緣時間，邊做搬抬工作、邊哼粵曲，自得其樂地，交換他們的夢⋯⋯

在《夢兮》中，張秉權嘗試尋找一種獨特的方法，加入了戲曲元素，去表達自己的意念，反映了人對夢想的追求。

「形式與內容不可劃分，形式並不附屬於內容，創新是對藝術的要求⋯⋯」這次的演出，不同的導演，演繹不同的故事，有不同的藝術追求。例如莫昭如的《致群40+致敬》是用「行為藝術」的方式，對「致群」過去一些劇目作出回應，包括《武士英魂》、《起航，討海號！》、《陽光站長》，以及辛亥革命系列，而且場場不同，這正正是表演藝術最為引人入勝之處。

這也是「致群」踏上四十周年的「重新出發」。

到 2013 年，「致群」應「香港戲劇工程」之邀，在上水社區會堂演出《新界無戰事》。那是滿道創作的歷史劇，以一百年前新界北區鄉民對抗英軍、捍衛鄉土的歷史事件為題材，張秉權擔任導演。

張秉權嘗試將古典戲曲與現代戲劇 "crossover"，在舞

台上，現代人唱客家山歌、唱南音、數白欖……既有中國
元素，亦有西方的音樂，如選用西班牙結他伴奏等。

「那是進一步的嘗試，可説是對自己挑戰之作！」

劇評，也是一種創作

早在七十年代，張秉權已開始撰寫劇場評論，發表在
不同的報刊上，至八、九十年代，寫得比較多，千禧年開
始減少了。他也曾主持「無疆界劇場」網頁，在網上平
台，他發表劇評亦超過二十年。

為何撰寫劇評？張秉權自言，讀中文系出身的人，比
較重視寫作，創作劇本最有樂趣，但撰寫劇評，亦非常重
要。

作品與評論之間的連繫，可謂千絲萬縷，張秉權認
為，雖然有人認為評論只附屬於作品，沒有了作品，便沒
有評論，但此説已不能成立。

他強調：「觀眾是戲劇演出的一個必須部分，沒有觀
眾，作品便失去意義。觀眾認真去看戲，將觀後感寫出
來，其實是將戲劇的生命延長了，所以劇評也是一種創
作，有獨立存在的價值。『好』的劇評，實有助提升創作
的水平。」

這幾年來，張秉權寫的劇評少了很多。

「我是個獨立的劇評人，寫作劇評的高峰期已過去了。今天來說，如果要對劇評生態作出貢獻，主要不是寫劇評，而在於領導國際演藝評論家協會（香港分會）〔下稱 IATC〕，培養藝評的接班人，促進藝術水平的整體提升。」

自 2008 年開始，張秉權當上 IATC 的主席，協助會務的發展。IATC 的活動非常多元化，有資料整理、出版、研究、評論⋯⋯

現時香港的舞台製作，已有兩個大獎：一是「香港舞台劇獎」；另一是「香港小劇場獎」。

IATC 將會創立第三個獎——「劇評人獎」。

張秉權認為，「對於藝術，不同的人可能有不同的評價，也一定有某種程度的主觀性。這跟賽跑跳遠不同，沒有絕對客觀的標準，但在評審的過程中，一定要有『討論』的空間，提出可供進一步思考的『說法』！」

他坦言「創立這個獎，可能會招來議論」，但 IATC 是演藝評論的團體，有責任提供另類的選擇，因此倡議設立「劇評人獎」。

在五、六年前，他已有此想法，但顧慮仍多，直至 2016 年，才付諸實踐，踏出第一步。第一屆負責評審的，

張秉權攝於第八屆「香港小劇場獎」頒獎禮上

有十二個劇評人，選出最優秀的作品，評選理由全部都會公諸於世。

對他來說，當前的急務，就是要「辦好 IATC，辦好劇評人獎」，為香港的戲劇帶來正能量。

述夢人的道路

在不足三個小時的訪談中，我們從七十年代的「致群」，聊到今時今日的 IATC，就像坐上穿越時空的列車，飛快地跑了一圈，真有點做夢的感覺。

張秉權曾說過：「如果要為致群劇社四十年來的作品尋找關鍵詞，『夢』肯定是其中之一。」

左起張秉權、陳淑蕙，與作者攝於「秉蕙書房」。

　　《武士英魂》寫的，是一個追逐夢想的人，《陽光站長》要說的，何嘗不是一個知識分子的夢？

　　舞台上的「夢」，莫不是張秉權在戲劇路上往前奔馳的動力？！

---

* 　頁 166 圖片，由何燕如提供；除此以外，本文其他圖片由張秉權提供。謹此致謝。

作者補誌

　　張秉權、陳淑蕙夫婦都是中文系的學長，認識他們久矣。
兩人都愛讀書，也愛買書。多年前，秉權師兄已有開辦書店的
夢想，一直潛藏在心底裏，機緣巧合，他們認識了一位經營書
店二十一年的朋友，大家談得興起，「一日店長」的念頭隨之湧
現。坐言起行，就在 2018 年 8 月 24 日──師兄 70 歲生日這一
天，「秉蕙書房」應「緣」而生，他們找了這個特別的日子，一
圓多年的夢想，實在別具心思，也饒有意義。我適逢其會，隨緣
到訪，只見書店擠得幾乎連人也站不下，大家或緊貼書架，或面
書而立，在書香氤氳中，暢談日本導演是枝裕和的近作《小偷家
族》，分享所觀所思所感……

　　聚首「秉蕙書房」，有朋友攜來消暑飲品、自製曲奇，亦有
人帶備玫瑰花，既賀書房啟業，亦可賀師兄踏入「古稀之年」。
購書之餘，更可與舊雨新知「暢敍幽情」，可謂一舉數得。

　　世路漫長，緣起不滅，謹藉此文，祝願師兄人筆兩健，繼續
「追夢」、「圓夢」……

張 秉 權 簡 介

張秉權在香港中文大學取得學士、哲
學碩士與哲學博士學位，曾任香港中
文大學語文自學中心主任、香港演藝
學院人文學科系主任、香港藝術學院
院長，現為國際演藝評論家協會（香港
分會）董事局主席。他為致群劇社創辦
人之一，曾編導多部作品，又曾在其
他劇團製作中任編劇、導演、演員及
文學指導，較重要的作品包括《武士英
魂》、《飛越瘋人院》、《人啊，人！》、
《尋春問柳》、《瞿秋白之死》、《陽光站
長》、《髮力無邊》、《新界無戰事》等。
他積極參與戲劇教育工作，同時亦為
香港資深戲劇研究者與藝評人，編撰
戲劇研究與藝評書刊多種，包括《香港
話劇口述史：三十年代至六十年代》、
《煙花過後：香港戲劇 1998》等。現已
退休，專心撰寫香港戲劇歷史專著。

她的電影，
　就是她的生活
許鞍華專訪

認識許鞍華，當然是透過她的電影。

從來沒有想過，能面對面——與許鞍華談電影。

這個專訪，要感謝羅卡先生。如果沒有卡叔牽線搭橋，我可不能找到她，而且還約到她接受訪問。

訪問那天，下午二時，我在香港藝術中心樓下的大堂等她。由於大堂正在裝修，在狹窄的空間中，不少人正輪候升降機。

我站近門口，面向大門，以為她會從外面走進來，突然，一把聲音自背後響起：「你是不是找我？」

我嚇了一跳，轉身一看，許鞍華就站在眼前，熟悉的臉孔，漾着親切的笑容⋯⋯

然後，走進她在藝術中心的工作室，我和她面對面，坐在大書桌的一側，便聊將起來。

話匣子打開，免不了細說當年。

影癡入戲行

許鞍華自小喜歡看電影，尤其是進入大學後，瘋狂迷上電影，當時「第一影室」已成立，她看了很多歐洲、日本的藝術電影，印象最深刻的是大島渚的《新宿小偷日記》及英瑪褒曼的《假面》（*Persona*）。

許鞍華與王惠君老師合照

「其實，當時並不太明白這些電影，只覺得很
fascinating！」

除了歐洲電影，她甚麼都看，看了很多香港電影，如
張徹、胡金銓的武俠片，台灣電影也看，如郭南宏的《鬼
見愁》、屠忠訓的《龍城十日》，還有李行、李嘉的片子等。

在六十年代中期，她那個生活圈子的人，甚少入「戲
行」，大部分的人，不是當教師，便是做白領之類的職業。

許鞍華説，她沒想過會走進電影這一行。

1969 年，大學畢業後，她繼續在港大念比較文學碩
士，研究龐德（Ezra Pound）的詩，論文做了兩年，完全無
頭緒，也沒興趣寫下去，但對電影的興趣卻有增無減，天
天跑去看電影，撰寫的文章經常提及電影，論文指導老師

就勸她不如讀電影去也。結果,她把論文題目改了,寫的
是法國作家——《去年在馬倫巴》編劇阿蘭・羅伯—格里耶
(Alain Robbe-Grillet)的作品。

1972 年,她往英國去,到倫敦電影學院念電影。

遠赴倫敦前,發生了一段有趣的小插曲。許鞍華寫了
一封信給邵逸夫先生,除自我介紹外,還附了一篇有關張
徹的電影評論,期望得到工作安排。她得到邵先生回信,
着她去見方逸華。方小姐找製片部的同事安排了她當「場
記」,月薪六百元。由於當時她已另有兼職,於是便回信婉
拒了。

倫敦學電影

倫敦電影學院是不少電影學子心中的聖殿,海外學生
甚多,梁普智亦畢業於此。那時候,在美國念電影要讀四
年,而且學費較為昂貴,到英國只需念兩年,於是,許鞍
華選了倫敦。

許鞍華在倫敦時,詹德隆、梁鳳儀等都在那裏念書,
在他們的穿針引線下,她認識了好幾位到訪倫敦的「電影
人」,如嘉禾的製片薛志雄、導演龍剛等。

她還記得,1974 年,胡金銓攝《迎春閣之風波》與《忠

烈圖》兩齣電影往倫敦「賣片」。在朋友介紹下，她當了幾
天胡金銓的助手。

　　許鞍華憶述：「在倫敦電影學院，學習模式較近『工
作室』，主要通過實踐去學習電影製作，不是坐在教室裏聽
課，學的不是評論，而是怎樣拿着器材去拍攝，學了之後
立刻就要應用，對我的幫助非常大，我也非常享受這段日
子。」

　　倫敦電影學院一年三個學期，就在第五個學期完結
時，學校因經費不足，竟然關門大吉。許鞍華只完成了
一套 10 分鐘的電影，作品改編自三島由紀夫的小説 *Lady
Aoi*，還未完成論文，便被迫輟學。不過，後來誤打誤撞，
她也獲院長簽發了一張「一級榮譽」的畢業證書。

　　1975 年初，她回香港後，先與母親同到多倫多參加妹
妹的婚禮，然後再陪母親回日本探親。此段經歷，後來編
進她帶有半自傳色彩的《客途秋恨》裏，電影寫的是母女間
複雜微妙的關係。

　　接着，她便飛往酷熱的新加坡去，當 J. P. Tam 的副導
演，那齣電影的女主角是 Kieu Chinh——其後在《喜福會》
中飾演李素媛的越南演員。兩、三個月後，戲拍完了，她
便回到香港。

走進電視圈

回港後，許鞍華在胡金銓的辦公室工作，主要是等他開拍電影，替他做副導演。那時，她還有一位同事，就是剛從美國加州大學（洛杉磯分校）回來的余允抗。胡導演一直未開戲，她主要負責一些文書處理及接待的工作。正因如此，她只做了兩個月左右，便轉到「無綫」去。

許鞍華父親認識無綫的總經理余經緯，在余總經理的引薦下，她往見梁淑怡，從此踏入電視圈。

「1975 年 6 月，我在 TVB 坐了兩個星期，便開始拍《奇趣錄》。那是一個翻天覆地的改變，辛苦得要命，日以繼夜地工作，每天工作十八小時，好像坐上一輛特快列車，完全下不了車⋯⋯」談起這段艱苦的日子，她說當時工作壓力極大，常常想到辭職休息，但始終還是堅持下去。

《奇趣錄》之後，在 1976 年初，公司調她拍《CID》。這個製作由譚家明負責統籌，以菲林攝製，並由譚家明、羅卡及許鞍華分工，各拍四集。

1977 年初，因譚家明自組獨立公司，劉芳剛當上了菲林組的主管，開始拍攝《北斗星》，講述「社工」的故事。

許鞍華只拍了兩集《北斗星》，便跳槽往廉政公署，

她和嚴浩花了半年時間蒐集資料及撰寫劇本，片名就叫
《ICAC》，是單元劇，共拍了七集。嚴浩負責一集，順利
「出街」，她拍了六集，但只播放了四集，其餘兩集因涉及
警察題材被禁播，包括《查案記》和《男子漢》。前者講葛
柏，後者則描寫警察的貪污。劇集播映前，發生了警廉衝
突，一批警員衝進廉政公署的執行處，大肆搗亂及傷人。
為了不想進一步刺激警察，所以該兩集被禁播。

1978 年，許鞍華轉到香港電台，拍了三集《獅子山
下》（包括《路》、《橋》和《來客》），《來客》成了她日後
「越南三部曲」的第一部。拍完這三集後，她便開始拍電
影。

「這幾年間，我很幸運，遇到很好的機會，也遇到很
好的人，得到很多的鼓勵和支持。」往事並不如煙。

投奔夢工場

1979 年，許鞍華轉往影圈，開始拍電影，第一部作品
便是《瘋劫》，編劇是陳韻文，取材自港島龍虎山發生的一
宗殺人案，被認為是香港新浪潮電影代表作之一。

最初的構思，是想拍「難民」的故事，但要去美國拍
攝，需要投入的資金太多，於是改拍一些比較「細」的題

許鞍華與劇務亞鬼合照

許鞍華在新界前往外景途中

材。「可運用以前的經驗，以『鬼片』的角度來拍，亦可帶出變化。」

至於《撞到正》，意念則來自蕭芳芳，一個粵劇團裏的鬼故事。隨後，她拍了《胡越的故事》和《投奔怒海》，完成了「越南三部曲」。

《投奔怒海》，這個「蒼涼而悲憫，激越而細緻」的難民故事，獲得了第二屆香港電影金像獎最佳影片、最佳導演等五個獎項。沈旭暉在2010年曾撰文，高度評價此片，認為《投奔怒海》也許是「史上最有國際視野的港產電影」。

《投奔怒海》之後，很多人找她拍電影。

1984年她為邵氏拍《傾城之戀》。

許鞍華與兩位年輕製片合照

許鞍華極喜歡張愛玲的小說，「當時只從個人的喜好出發，沒有考慮觀眾的接受能力。」

她習慣的創作方式，是比較家庭式的製作，但在邵氏，工作方式不同，彼此追求的理念和價值觀亦有異，令她感到很辛苦。「自己走進了一個不適合的環境，又在準備不足的情況下，結果，拍了一套『失敗』之作，最大的問題是大部分觀眾看不懂。」

事實上，《半生緣》才是她最喜歡的小說，早在 1984年時已想將《半生緣》改編成電影，但客觀環境的限制，她選擇了《傾城之戀》。至 1992 年，她仍然念念不忘，想拍攝《半生緣》，結果，直到 1996 年，她才找到資金開拍，

主要是由於 1995 年的《女人四十》上映時叫好叫座。《女人四十》不僅在香港電影金像獎上奪得多個獎項，難得的是票房亦創下佳績，蕭芳芳還在柏林電影節上贏取了影后的桂冠。

「文藝創作與讀者是一種緣分，如果覺得某部作品吸引，就應該去拍，因為自己的看法和作品有共鳴，才覺得它特別吸引，拍它即是拍自己的體會，十分值得。」許鞍華如是說。

從張愛玲說起，我們談到香港的女作家，許鞍華曾找過黃碧雲編寫《千言萬語》的劇本，結果卻沒有採用，後來還請來陳健忠大刀闊斧地重新改寫。

「我曾想過改編黃碧雲的小說《盛世戀》，不過，作品太『文學』，實在不易改編成電影。」

她也想過改編西西的《哀悼乳房》，但後來知道杜琪峯找岸西改編這個小說，便擱置下來。

談到這裏，我問她：「拍電影最大的困難是甚麼？」

許鞍華不假思索，便說：「最大的困難來自創作概念，例如題材問題、如何拍的問題。不過，題材始終是最大的問題。」

隨緣緣亦來

許鞍華的作品，題材相當廣泛，從愛情、家庭、武俠，乃至政治，跟她合作的團隊，沒有固定的班底，編劇如是，副導演如是，攝影也如是，「我無所謂，總之合作得到便可以了。」

每個人的工作方式都不同，例如侯孝賢，與他合作無間的編劇是朱天文，但跟許鞍華合作過的編劇可真不少，如早期有陳韻文，其後有岸西、邱剛健等，近年則有李檣。

「我不是大導演，拍的都是低成本製作，賺不了錢，所以，不易找到優秀的人才長期合作。」許鞍華笑着說。

潮生潮落本尋常，尤其是電影這個行業，變化更大，一片票房低落，便會無人問津。

她當然也嘗過低潮期，試過「無工開扮返工，去公園坐的日子」。

「很多人都有這種經歷……」許鞍華淡淡道來，彷彿在說別人的事。可是，她從沒有想過要放棄執導演筒，沒人找她拍戲，她便做其他工作，例如做策劃、監製，捱過這段日子。

「我不覺得某部戲的表現，代表整個人，暫時的、當

許鞍華攝於受訪時

下的不好，並不代表一切。不過，這種境界、這份感悟，來得比較遲。」

談及未來的計劃，許鞍華聳聳肩、搖搖頭，無奈地說：「我一直都沒有具體計劃，更沒有甚麼五年大計、十年大計。尤其是年紀愈來愈大，更加難計劃。」

例如《千言萬語》弄了八年才成，劇本是一個因素，還有資金的問題，要「時來運到」才可成事。

又如《天水圍的日與夜》——許鞍華表示，該片幾乎是重建了她「對於電影和世界的信心」。她坦言「很幸運，遇上一個好的題材，觀眾的反響很好，又拿了很多獎項，拍完之後，才可以繼續拍戲，否則便沒戲拍了」。

她一直想拍的「蕭紅」也如是。幾十年前，許鞍華已經想把蕭

紅短暫的一生搬上銀幕，因為「這位作家很有才華，生平
亦非常坎坷，三十一歲便死在香港，我覺得非常值得拍，
但一直以來，找資金和編劇都很困難」。

　　直到近年，她才得償素願。「要不是《桃姐》賣座，便
沒有人願意投資《黃金時代》。」她笑着說。當然，還得加
上編劇李檣的努力。

　　《黃金時代》的敘事方式，是個大膽的嘗試，許鞍華也
承認這部電影不完美，但在影片中，我卻看到了蕭紅的美
好品質，她的倔強、她的堅定，還有她的才華。誠如西西
說：「許鞍華和編劇李檣表現了對蕭紅深刻的理解，而毫不
張揚。」

至愛的電影

　　許鞍華曾為《視與聽》選出了她個人至愛的十大佳作，
唯一入選的華語片是《童年往事》。

　　「侯孝賢的電影很好看，雖然沒有故事性、戲劇性，
但感覺很好，《天水圍的日與夜》不是刻意去學他，可能是
潛移默化，受到他的影響也說不定。」

　　在日本導演中，她喜歡黑澤明，自言以前拍電影，頗
受黑澤明影響，認為「黑澤明的電影技巧甚好，題材既有

普遍性，又有當時的地方色彩」。此外，她也喜歡成瀨巳喜男，成瀨擅長拍女性電影，而且特別善於通過演員的身體語言、眼神、表情來表現人物的感情。許鞍華的作品，女性題材特別多，成瀨的電影美學，對她亦不無影響。

「看一齣電影，三兩個鏡頭便可看出它究竟有無特別之處。我覺得某部電影好看，並不因為故事內容，通常記得的，可能只是一兩個鏡頭、一段戲或某些情節。」

許鞍華認為：「電影要說中觀眾的心事！」

「以前拍電影，我很喜歡研究鏡頭放在哪裏……」然而，經歷了這麼多年，在藝術追求上，她已有所改變——「我現在對鏡頭、燈光、色彩等，已沒多大的興趣。我覺得電影的『調子』很重要，將現實生活中無以名之的感覺拍出來，讓觀眾產生共鳴，那才是好電影。」

「跟以前不同，現在的導演會透過研究，將很多元素糅合在一起。這些元素不單來自電影，可能來自文學作品、漫畫、廣告、網上資料，總之是有關畫面的東西，都可以拼湊起來。拍電影好像做一個大 project，動員大量的人手，不再是個人情懷的抒發。」她接着說。

近年流行紀錄片，不少製作都很成功。

許鞍華斬釘截鐵地說：「我不會拍紀錄片，因為我

technically 太差。現在不少 film-makers，大多是 one man
band，或是 two men band。他們喜歡便去拍，純粹為了個
人興趣，自己剪片，自己做後期製作。」

我問她會否有興趣以年青一代與社會抗爭為題材拍攝
電影，例如「雨傘運動」。她對此表示：「讓年青人自己去
拍吧，用紀錄片的方式拍攝會好些，拍劇情片比較難。」

她一再強調：「隨緣，自己想拍的電影，拍到就拍
吧！」

但願人長久

我們聊到她的新作《明月幾時有》[1]。

「這是個香港游擊隊抗日的故事，因為沒有人拍過這
個題材，所以便想拍。」編劇是何冀平，許鞍華與她第一
次合作。電影於 2016 年 2 月底在開平赤坎開鏡，拍了一半
便轉回香港，在新界繼續拍攝，至 5 月中煞科。

從《瘋劫》到《明月幾時有》，許鞍華拍電影已有三十
餘年，創作的電影亦接近三十部。作品類型多變，卻一直
不離探討人際關係的主題，而且各具特色，在商業和藝術
之間亦取得較好的平衡。人的狀態總有高低起伏，但她對
電影的投入和執着，實在毋庸置疑。

許鞍華攝於二〇一六年生日

許鞍華收到的生日卡

　　當過許鞍華副導演的關錦鵬曾説:「我覺得,許鞍華拍戲給我最深的印象,是她有某種執着。……她跟我講,選擇拍電影這條路,就回不了頭。」

　　正如黃碧雲所説——「許鞍華一生都在拍電影。我相信將來她都會。她不會放棄的,她的電影就是她的生活……」

　　我也相信!

　　但願人長久,也希望許鞍華可以一直「拍自己想拍的電影」。

---

* 　除頁180 圖片由作者拍攝外,頁169、頁184
　　(下圖)圖片,由陳榮照提供,而本文其他圖
　　片則由許鞍華提供,謹此致謝。

1 《明月幾時有》於 2017 年 7 月 6 日在香港
　　上映,且獲得第三十七屆香港電影金像
　　獎最佳電影、最佳導演等五個獎項。

許 鞍 華 簡 介

許鞍華，出生於遼寧鞍山，在香港大
學取得學士、碩士學位後，往倫敦電
影學校進修電影，曾於香港無線電視
及香港電台擔任編導。1979年，開
始拍攝電影，為七、八十年代香港新
浪潮電影製作人中著名的一員。首部
電影為《瘋劫》，其後的作品包括《投
奔怒海》、《傾城之戀》、《書劍恩仇
錄》、《客途秋恨》、《女人四十》、《半
生緣》、《千言萬語》、《男人四十》、
《姨媽的後現代生活》、《天水圍的日
與夜》、《天水圍的夜與霧》、《桃姐》、
《黃金時代》、《明月幾時有》等。她
是唯一一位奪得六屆香港電影金像獎
最佳導演的得主，亦曾三次獲得金馬
獎最佳導演，曾任香港導演會會長。
2012年獲第六屆亞洲電影大獎終身成
就獎。2017年6月，成為奧斯卡評委
會成員。

從本土出發
　而不囿於本土
陳國球專訪

　　訪問那天，春節假期已完，學校已恢復上課。我早到了，在寧靜的大學校園隨意蹓躂。春日暖和，看花、看樹、看人……也是賞心樂事。

　　走進「中國文學文化研究中心」，游目四顧，靠牆是一列書櫃，一整套《香港文學大系》(1919-1949)——「散文」、「小說」、「評論」各兩卷，「新詩」、「戲劇」、「舊體文學」、「通俗文學」、「兒童文學」及「文學史料」各一卷，加上《導言集》，齊齊整整的，在眼前展現。

　　早就想約陳國球教授做專訪，聯絡後才知道他身在台灣，在台灣大學當訪問教授，直至 2017 年 2 月，才回到香港。陳教授是大忙人，學術活動頻繁，好不容易才約到他。

　　在訪問中，談文學，談文學史……當然離不開《香港文學大系》。

走上文學之路

　　回眸過去，陳教授談到他在高中時，幸遇一位好老師。馮肇博老師畢業於台灣大學，很有學問，亦是五、六十年代香港文社的活躍分子，對他的影響很大。

　　當時，他閱讀了很多課程以外的現代文學作品，例如魯迅、沈從文、郁達夫……對他很有啟發。

「我認識到，文學的空間很大，也相當有趣，透過文學，可以擴闊視野。」受到馮老師的感染，他考入了香港大學中文系。

進入大學後，他步入一個嶄新的天地，那是火紅的年代，他覺得現代文學的講述比較政治化，興趣開始轉向古典文學，二年級遇上黃兆傑老師，帶給他很多新的思考，從此走上文學研究之路。其後，他又從文學批評轉到文學史方面的研究。

思考文學史

在二十世紀的八十年代，中港台三地的學者，都開始關注文學史的問題。香港自 1984 年，《中英聯合聲明》簽訂後，大家都開始思考未來，重新思考個人的文化身份。「文學史正好可以幫助我們去思考文學傳統與自身的關係。」陳教授說。

中國大陸改革開放後，接觸到外面的世界，進入新的「啟蒙時代」。到 1985 年，學界提出「二十世紀中國文學」的文學史觀念，打破近代、現代與當代的三分法。陳平原、黃子平、錢理群、陳思和、王曉明等學者，他們都重新思考文學史的寫法，不想再做「教科書式的文學史」，預備重寫文學史。

承納中國　建構虛幻
香港的現代文學教育回顧

陳國球　香港教育大學

2015 高中國文教學國際研討會
國際視野下的高中國語文課程設計及教學

　　至於台灣，1987 年解嚴後，學術界亦重新思考文化認同與文學史的書寫問題。

　　「在八十年代中葉以後，中港台三地的人都關心文學史的寫法，思考用甚麼身份來寫，如何跟傳統的寫法不同。」陳教授和三地的學者都相熟，於是想到一起合作，就文學史的問題開展工作。

　　九十年代初，他在香港編了一本《中國文學史的省思》，收錄了中港台三地朋友的論文，反映了他們對「文學史」這個問題的思考。其後又與陳平原合編《文學史》集刊，論題亦扣緊「文學史」，共出版了三輯，當時在中國大陸引起很多討論。此外，他還在《文學史》集刊中精選了一批作品，與王宏志、陳清僑合編了《書寫文學的過去》，在台灣出版。

關注香港文學

　　九七回歸是一個重要的歷史時刻。

　　陳教授指出〈感傷的教育——香港、現代文學，和我〉一文，是為 1997 年 7 月 1 日而寫的，預算在中港台三地發

陳國球攝於訪問時

表。在香港，文章發表於 6 月底的《明報》；在台灣則刊於
《聯合文學》7 月號；至於內地，文章題目被改為〈借來的
文學空間〉，亦刊於 7 月號的《讀書》。

在這篇文章中，陳教授講的是他在中學過程中對現
代文學的認識。當時的語文課本，現代文學的作品不多，
「朱自清」是其中「一個最重要的符碼」，學生念的多是
〈背影〉、〈荷塘月色〉或是〈一張小小的橫幅〉……。他們
可能曉得《家》、《駱駝祥子》和《倪煥之》，但未聽過侶倫
的《窮巷》。

「這是一種回顧，也是一種反省——自己走過一條怎麼
樣的路？我們與過去的關係如何？我們的教育為何如此？
我一直在思考這些問題。」陳教授表示，對於香港文學的
關注，實始於個人對文化身份的反思。

九十年代後期，在中國大陸，已有人開始編寫香港文
學史，例如劉登翰的《香港文學史》，1997 年已在香港出版。

作為研究文學史的人，陳教授一直關注「書寫者」與
「被書寫者」的關係，於是他想到：「為何沒有我們自己
的聲音？」

編纂《香港文學大系》

「訓練香港未來的主人翁，教育應與本土結合。」抱着這個信念，2009 年，陳教授從科技大學，走進香港教育學院，預備做一些與香港本土文化經歷有關的研究，以及與香港文學有關的工作。

當時陳智德仍在香港中文大學當研究員，陳教授刻意去找他過來合作，編纂《香港文學大系》的計劃，是他們兩人一起構思的。

「未寫文學史，先編文學大系。」香港一直都有這種聲音。

他們先組織編輯委員會，找資金、找支援……。在籌備的過程中，難免遇到打擊，但也得到不少鼓勵，在國際學術界亦不乏支持者，例如小思、陳平原、王德威、李歐梵等學者，他們都肯定此項計劃的意義。

編委會中的成員，大部分都參與主編的工作，除了黃子平教授，但「他的角色很重要，他有寬廣的視野，也有中國大陸、香港以至海外的生活經驗，可以提供很多寶貴的意見」。陳教授不忘補充。

編委會的成員就全書的方向和體例，既有充分的討論，

亦有共同的信念，但每個編者的訓練有別，對文學有不同的看法，意見也不盡相同。

「文學應該有不同聲音，香港亦不必有一套官方的說法，編纂《香港文學大系》，正好讓不同的聲音呈現出來……」陳教授道出了《大系》的特色。

《香港文學大系》中的小說、散文和評論都有兩卷，不同的編者，分別寫出不同的導言，讓讀者可聽到不同的聲音。例如「香港文學」的定義，大家都有不同看法。以「通俗文學」來說，地方感特別強，亦與社會緊密結合，所以編者對「香港」的定義要求比較嚴格。可是，從新詩、散文、小說的角度來看，卻可以有不同的見解。

又如茅盾、蕭紅是否香港作家？這個問題，曾引起不少討論，也有不同的判斷。以茅盾為例，他在香港做了很多文化工作，對香港文學亦帶來很大影響。他的作品收錄與否，在討論過程中，也反映了不同的文學觀點。

香港本來就是如此，能兼容不同的觀點，這也是香港的一大特色。

他們的工作，不限於資料的蒐集。在編纂《大系》時，並不如一般的選本，只限於挑選一些最好的作品。他想將香港文學的過去，在「文學史」的意識下呈現出來。

《香港文學大系 1919-1949》

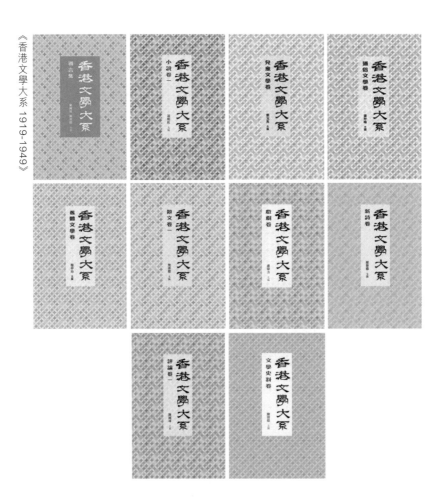

　　陳教授不諱言，在策劃的過程中，籌募資金是一大困
難。《大系》的經費要從多方面籌集，其中不少來自私人
的捐款。藝發局也有資助，亦有部分主編自行申請研究經
費，然後注入計劃中。

　　「在其他的城市或地區，如果做同類工作，當地的政
府一定有支援，往往由文化局主動邀請學界或文化界整理
文學資料，香港則沒有。」陳教授慨嘆：「香港欠缺文學的
公共論述，所以大家都不關心文學，政府亦不關心文學。」

　　香港的公共論述，只關注經濟與政治，文化已被邊緣
化，文學更是文化中的邊緣。其實，語言是每個人必須掌
握的工具，文學是最貼身的藝術展現方式，但卻受到輕視。

　　報章上涉及文學的社論，可謂鳳毛麟角。除了「諾貝
爾文學獎」，文學甚少能進入議題。例如也斯的逝世，除
了文學圈子內的人，很多人（包括大學教授）都不曉得他是
誰。外國並不如是，例如法國著名的作家，都有一定的知
名度，但在香港，多少人會認識劉以鬯、西西？

文學的本土意義

　　「我們的文學，我們的歷史，我們的過去，是可以分
享的。」陳教授強調，編纂《香港文學大系》，目的就是重

新建立香港文學的歷史。

如今喜歡文學的人，可能會比較熟識董啟章、黃碧雲，但對於三十年代的詩人，如鷗外鷗、柳木下並不認識。故此，「要將他們的作品帶到當下，他們是香港的一部分，也有權進入我們的集體記憶。」

目前，不少年輕人都關心「本土」問題。對此，陳教授表示：「當年輕人擁有更具體更充分的歷史意識，我相信他們的判斷更有力，更有深度，其論述更全面。」

透過《大系》，可以多了解本土的文化、文學，了解香港，然而香港並不是「關起門來」的香港，其重要性是超越香港的。

香港從過去到現在，與其他地方的文化交流甚多。早在三十年代，香港很多文化活動，都與廣州、上海、北京等地息息相關，如抗戰時期，茅盾就以香港為基地編《文藝陣地》。五、六十年代以後，香港與東南亞的關係亦非常密切，《中國學生周報》曾在星馬出版，香港亦有討論馬華文學的文章，彼此的關係，可謂千絲萬縷。

又如台灣的《創世紀》，編輯成員中亦有崑南、李英豪等香港人，可見他們的影響力，並不止於香港。談到台灣現代文學，亦不能不提 1956 年馬朗創辦的《文藝新潮》，

對台灣和香港文壇有重要影響，初期未能在台灣正式發行，已經以手抄本方式在讀者圈子間流傳。

同時，香港的自由開放，亦可讓不同地方的人，在香港開展他們的文學生命。例如戴隱郎，他本是馬來西亞華僑，曾到中國大陸讀書，到香港後，既寫詩，亦推動木刻版畫，他在香港的時間不長，卻留下痕跡，「評論」卷一收錄了他一篇文章〈論象徵主義詩歌〉。

「我編《大系》，是一個發現的過程。」陳教授以《紅豆》為例，說明這個情況。

《紅豆》是梁國英藥局支持的一本文藝雜誌，編者是藥局少東梁之盤，他是梁愛詩之父，曾在廣州的大學旁聽英文系，認識了一位英國學者，給予他很大啟發。他回港後，便創辦《紅豆》。梁之盤的視野很開闊，在雜誌中介紹世界文學，編過「世界詩史」特輯；《紅豆》中也有文章以比較文學的概念，將清代王漁洋的「神韻說」視為中國象徵主義；作者「風痕」可能是梁之盤的一個筆名。這個說法，縱非百分百準確，但至少讓大家張開眼睛，以較為寬廣的視野，去思考中國文學。

《紅豆》在三十年代，甚具影響力，除了香港本地作家，亦吸引到上海、北京的作者投稿，如北京學者林庚的

詩亦曾刊於《紅豆》。如今，連內地也有學者研究這本雜誌。

陳教授認為，「香港從來就是一個如此多元、如此活潑的地方。香港本土的重要性很清楚，作為文化空間，本土與外地的種種關連，文學的流轉，亦令到香港的本土意義更豐富。」

推動文學教育

陳教授指出，今時今日的香港，對文學的輕視程度，愈來愈嚴重。以前知識界屬於小眾，如今知識愈來愈普及，教育普及了，但對文學的重視，卻沒有相應的增加。

當前的急務，是要「培育文學的愛好者，文學的讀者，將讀者面盡量擴闊」。陳教授覺得「不是人人要當文學家，能創作者固然好，即使不創作，也要透過閱讀，豐富自己的生命」。

「文學教育很重要，但在推動的過程中遇到不少困難，可謂舉步維艱。如果『香港文學』不列入課程範圍，教師要推動，那將是額外的負擔。」陳教授無奈地說。

對此，他亦作出過一番努力。現時在香港教育大學，設有一個「語文研究」（Language Studies）的「文學學士」課程，它有兩個主修，分別是中文與英文。在中文的

主修課程中，「香港文學」和「粵語與香港本土文化」都
是必修的科目，目的是讓學生了解本土，亦藉此了解香港
與中國文化的關係，讓文學成為生活經驗的一部分，不是
純知識的傳授。

他期望，「在香港念中國文學，能將生活經驗與我們
念的作品有所聯繫，讓文學進入個人的生命中。」

走上更遠的路

歷時數載，《香港文學大系》終於在 2014 年底完成編
纂工作，並陸續出版，於 2016 年中十二卷全部面世。

《香港文學大系》出版後，在內地、台灣，都引起關
注，報刊有報道介紹，亦有很多學者撰文討論。

「但在香港，認識《大系》的人，並未超越文學圈，我
們仍須作出更多的推動。」陳教授期待《大系》能帶來更多
的討論和批評。

他不希望將書存放在圖書館便算了，期望將《大系》
的滲透力加強，散發其影響力，讓更多人認識《大系》的
內容，例如在中學推介香港早期的重要作家作品，讓更多
學生知道朱自清、魯迅、何其芳之外，尚有柳木下、鷗外
鷗、謝晨光……

此外，他計劃將第一輪的編後感、讀後感、書評等輯成一書，讓無暇閱讀整套書的人，也可一看，引起他們的興趣。

談及第二輯《香港文學大系》（1950-1969）的編纂，陳教授坦言：「計劃亦在構思中，目前正組織編輯團隊，因作品更多，內容更為豐富，可能要編十六卷，經費是首先要解決的問題。」

編纂第一輯《香港文學大系》，殊不容易。十一位本地專家學者擔任主編，獻出自己的時間，傾注自己心血，沒有過人的識見、勇氣和毅力，根本難以成事。

香港，可以有一種「文學的存在」。

盼望活在這塊土地上的人，更關注香港文學，也盼望有心人能繼續堅持下去！

---

* 除頁 191 圖片由作者拍攝外，本文其他圖片由陳國球提供，謹此致謝。

陳 國 球 簡 介

陳國球，加拿大多倫多大學比較文學
碩士，香港大學中文系博士。曾任香
港浸會大學中文系主任、香港科技大
學人文學部中國文學教授、香港教育
學院語文學院院長，現為香港教育大
學中國文學講座教授及中國文學文化
研究中心總監，曾到捷克、美國、加
拿大、日本、台灣、中國大陸等各地
講學。研究領域包括文學史理論、中
國文學批評，以及香港文學。著有
《香港的抒情史》、《文學史的書寫形
態與文化政治》、《情迷家國》、《感傷
的旅程：在香港讀文學》、《唐詩的傳
承：明代復古詩論研究》、《中國文學
史的省思》、《抒情中國論》、《抒情之
現代性》（合編）、《書寫文學的過去：
文學史的思考》（合編）、《文學史》
集刊（合編）等，並擔任《香港文學大
系》（1919-1949）總主編。

梁佰就攝

醉心戲劇栽桃李
樂在舞台不言休

鍾景輝專訪

　　2016 年 12 月，《相約星期二》又重演了，雖然已看過
三次，但我決定再重看一次，票也買了。豈料，鍾景輝先
生因病辭演。無法想像，沒有了 King Sir 的《相約星期二》
會如何，但實在太喜歡這齣戲，我還是去看了。

　　更沒想過，幾個月後的今天，竟然有機會跟鍾景輝先
生，相約在星期一。5 月 29 日的下午，走進九龍塘會所的
餐廳，我早到了，坐下來等候他。

　　三點正，King Sir 在學生陪同下準時到來，雖然清減
了一點，但精神看來不錯。在餐廳外露台上，我們選擇了
一張位於角落的桌子，大家坐下來，開始了這次訪談。

　　生於 1937 年的 King Sir，今年已八十歲，聽他細說戲
劇人生，恍如一道一道的流動風景，展現在眼前。

演小綿羊，踏上戲劇之路

　　在香港念幼稚園時，鍾景輝首次踏足舞台，在聖誕節
的慶祝節目中扮演小綿羊。他清楚道出當時的情景：「老師
將紙張剪成一條條，然後捲起來，披在我的身上，當成羊
毛⋯⋯我還在想，小綿羊應該怎樣叫的呢？」

　　才不過幾歲，已懂得這樣構思，實在不簡單。也許，
這就是鍾景輝對戲劇產生興趣的萌芽點。

抗戰期間，北上避難，一家遷到內地，輾轉到了上海，居住了四年，在 1947 年才回到香港，鍾景輝進入培正小學念五年級。他在培正中學念至初中二時，學校有四位老師——關存英、陳翊諶、梅修偉和鄭煥時老師，對戲劇都很有興趣，在校內組織了「紅藍劇社」。這四位老師，為他開啟了戲劇之路的大門。

「紅藍劇社」成立之初，籌備演出莫里哀的《刻薄成家》，鍾景輝雀躍萬分，報名參加面試，結果被選中飾演孤寒財主的兒子。隨後的幾年，他在劇社演出多齣話劇，如翻譯劇《巡按史》、《月亮上升》、《君子好述》，以及袁俊的《萬世師表》等。在「教育司署」舉辦的全港校際戲劇比賽中，鍾景輝曾經憑藉《史嘉木的詭計》、《丟落的禮帽》的優秀表現，取得 1953 和 1954 兩屆最佳男演員獎，這些演出經驗令他愈來愈醉心戲劇。

當時，著名的電影導演秦劍，看過他的演出後，大為讚賞，想引薦他加入電影圈，曾兩次找他拍電影。可是，他的四位老師卻反對，理由是他「年紀太小，最好多讀書，待念完書後，如果還有興趣在這方面發展，到時才決定也未遲」。

「父親反而無意見，任由我自行決定。」鍾景輝的父親在嶺南大學畢業，念的是「政治經濟」，其實他亦熱愛表演藝術，但上一代的人很想兒子「做官」，父命難違，只好無奈妥協。正因如此，父親給予自己兒子極大自由度，鍾景輝很感謝父親的鼓勵和支持。

念至高中三，他開始思考將來的出路。「人生在世，選擇自己喜歡走的路，會活得比較快樂，我最喜歡的是戲劇……」在這個轉捩點，他找到了戲劇！

耶魯三年，一生受用無窮

那時候，香港沒有一所學院設有戲劇課程，鍾景輝只有期望出國念書，但培正是中文學校，所以他決定先要提高英文水平，

待打好基礎後，再到外國進修。結果，他考進崇基學院英文系。

皇天不負有心人，兩年半後，機會來了。就在 1958 年的 1 月，他終於遠赴美國奧克拉荷馬浸會大學（Oklahoma Baptist University），念三年級下學期，主修「演講及戲劇」，副修「英文」。

美國推行的是「通識教育」，縱使念完大學，基礎尚淺，學科知識仍不足，所以他決定畢業後繼續進修戲劇。

「當時在美國，以戲劇著名的大學，北有『耶魯』（Yale University），南有『貝勒』（Baylor University），我寫了兩封申請信⋯⋯」培正的林子豐校長、關存英老師，還有崇基英文系、OBU 的教授都主動為他撰寫推薦信，加上他的成績優異，所以耶魯很快便取錄了他。

「我在耶魯三年，所學的東西，一生受用無窮！」

在耶魯大學念戲劇碩士，他選了表演系，「甚麼都要學，包括戲劇史、演技、導演、燈光、服裝、佈景設計⋯⋯

一個學期十八個星期，每六個星期，被分配到燈光、服裝、佈景和道具等不同的組別實習。」

他嘗試縫製裙子、補衣，甚至做羅馬盔甲。有一回，他負責佈景設計，那齣舞台劇是有關鞋店的，他只好跑到附近的鞋店，向人索取空鞋盒，將千多個鞋盒，分成一半，黏在佈景板上。「耶魯在 New Haven，這個小鎮，鞋店並不多，找尋鞋盒，可以說是一種考驗，也是難得的經歷。」

鍾景輝強調：「這種體驗很重要，除了學習到不同的戲劇知識，更重要是學習到如何與別人合作，學會了如何尊重別人。例如演出或排戲時，不會將衣物隨便亂放，加重別人的負擔。」

在演戲方面，由於膚色及說話口音的問題，他演出的機會比其他同學少。遠赴美國求學之前，他已有心理準備，亦明白到人家的難處，「試想想，在一班中國演員之中，哪有可能找一個外國女孩演四鳳？」他以《雷雨》為例，道出自己的心聲。

「因為懂得，所以寬容」──這就是胸懷寬廣的鍾景輝。

浸會四年，引進劇場新體驗

「在耶魯念至二年級學期末，竟收到浸會學院副校長

Dr. Anderson 的來信，問我可有興趣回港後到浸會教書，我當然答允。」

香港大會堂成立的那一年，即是 1962 年，他回到香港，任教於浸會英文系，還開辦了一些與戲劇相關的選修科目，包括表演、導演及戲劇史。同時，他亦擔任了浸會劇社的顧問，排演了好幾個戲，如《推銷員之死》（當時譯作《淘金夢》）、《小城風光》、《橋頭遠眺》……甚至引入荒誕劇《動物園的故事》。

這一系列的演出，全屬美國近代的著名戲劇，不單擴闊了浸會同學對西方舞台的眼界，亦為香港觀眾帶來頗大衝擊。

其中最特別的是劇作家懷爾德經典名劇《小城風光》，鍾景輝很喜歡這個戲。「懷爾德的父親是駐上海的外交官，他自小看了不少京劇，因而受到這種表演藝術的影響，全劇不設像真的佈景，亦無道具的指示，主要靠演員的肢體語言進行表演。」對觀眾來說，這確是一種風格新穎的劇場體驗。

此外，他亦開闢了三面觀眾的舞台，演區與觀眾非常接近，演員可近距離接觸觀眾，類似現時的「小劇場」，也是創新的嘗試。

鍾景輝在浸會任教了三年，至 1965 年，他覺得「無綫電視」在香港應有發展空間，決定前往紐約大學進修電視、電影、廣播及舞台課程。這次進修的機會，為他日後在電視圈的發展埋下了種子。

當時，「無綫電視」正籌備開幕，黃錫照寫了一封信給他，請他多讀一年，然後回來加入「無綫」工作。「我答允了浸會，出外進修一年後，便會回來任教一年，才完成合約。」他信守承諾，回港後繼續在浸會執教一年。

投身電視，不忘推廣戲劇

1967 年 6 月中，他進入「無綫」當高級編導，不久被派往日本 TBS 電視台進行考察，學習電視的製作技巧。六星期回來後，開始為無綫開台作準備，聘請幕後工作人員，如攝影師、化妝師等，至 10 月便晉升為「節目部經理」，他認為這完全是運氣使然。

藉着電視，鍾景輝將戲劇介紹給香港觀眾。

他負責編導的第一個長篇電視劇，就是《夢斷情天》，當時還找到了電影編劇家馮鳳謌協助籌備，最初一周播兩晚，每晚半小時，不單大受觀眾的歡迎，而且得到廣告商的贊助，總共播放了一年多，這是一個很好的開始。為了

推廣戲劇，他再開創「電視劇場」，演出的劇目，包括有翻譯劇《小城風光》、《佳期近》、《玻璃動物園》、《少奶奶的扇子》、《巡按史》⋯⋯還有姚克的《清宮怨》、曹禺的《雷雨》等，都是名家名作。隨後他又策劃了「一、三、五劇場」，然後是「翡翠劇場」，一周播五晚，收視率比《歡樂今宵》還要高。

隨着戲劇節目受到廣大市民的熱捧，為了製作更多的劇集，解決演員不足的問題，鍾景輝向「無綫」提議開辦「藝員訓練班」，課程為期一年，有幕前知識、幕後理論，也有實習的部分，中間亦需經多次考試，成功畢業的便可成為無綫的電視藝員。

「無綫電視藝員訓練班」創立於 1971 年，培育了很多人才，除了演員，有編劇，也有導演。例如甘國亮，周潤發、林嶺東、杜琪峯⋯⋯一連串響噹噹的名字。「他們得以成功，主要是憑藉自己的能力、努力和運氣，我們只提供了基礎的訓練。」King Sir 不忘補充。

他在「無綫」工作了八年半，然後跳槽往「麗的電視」（1982 年易名為「亞洲電視」），接受新的挑戰，一幹便是七年半，位至副總經理，於 1983 年 1 月才離開「亞視」。

一九六七年鍾景輝攝於
無綫電視辦公室

　　在電視這一行業，King Sir 前後工作了十六年，在
「亞視」時，他曾三次遞上辭職信，可謂去意已決——
「在這個圈子太久了，我感到有點累，希望嘗試別的挑
戰。」事實上，他最愛的，莫過於演戲，全心全力投身舞
台，正是他的心願。

培育人才，笑看學生成長

　　King Sir 辭職後，正好遇上政府籌辦演藝學院，結果
他又當上了戲劇學院的院長，由 1983 年開始籌備。

　　「開始時，最傷腦筋的，還是尋覓人才，物色老師……
那時在香港，既懂廣東話，又受過戲劇訓練的人，幾乎等
於零。」他唯有四出尋訪正在外國讀戲劇的人，結果解決
了這個難題。

　　在課程方面，他參考了耶魯的規劃，再作調適，以適

應香港的現實情況。

　　兩年後，1985 年，戲劇學院正式開課，最初只有「表演系」，其後才開設「導演系」，至於「編劇系」，爭取多年後，至九十年代才出現。

　　「表演、導演、編劇三組人一齊合作，才能擦出火花，做些真真正正的創作……我本來還有第四個方向，就是『戲劇評論』，可惜未達目標，便退休了。」回憶這段日子，他不無感慨。

　　那時候，學生家長並不太了解戲劇學院上課的方式。同學排戲到深夜，便會接到家長的查詢電話：「為何那麼晚還未回家？哪有念書念到那麼晚的，弄至半夜三更？第二天還要一早上課。」面對不少如此的投訴，校方便要解釋清楚，讓家長了解實際的情況。

　　此外，上課時有「舞台動作」（Stage Movement）的訓練，很多人不明白，為何做演員要學舞台動作。「這些肢體語言的訓練，對演戲大有幫助。」他要花時間逐一解釋。

　　為了讓學生體會不同作者的表達方法，學院會盡量排演不同風格的戲劇，為學生提供更多演出的機會，而每年都會安排一個大型的演出。

　　「黃秋生是第一屆的學生，演過《風流劍客》……」

　　King Sir 特別難忘的是音樂劇演出，如《油脂》、《登龍有術》、《夢斷城西》、《紅男綠女》。由於演藝學院有音樂學院，為音樂劇提供現場伴奏，令演出更有號召力。

　　學院自 1986 年開始，曾多次安排學生出外，到多個國家作交流活動，藉着觀摩和演出，將中國文化帶到外國，亦可學習到西方的東西，「有時候，學生去到外國的演藝學院，會發覺人家的設備反而及不上我們香港，會更加珍惜自己擁有的。」

　　鍾景輝在戲劇學院當院長，長達十八年，直到 2001 年才退休。他覺得自己很幸運，能夠將所好所學付諸實踐，還可通過教育，將知識與經驗，跟後輩分享。「最開心的，莫過於看着學生成長，我們教的只是基本的東西，重要的是他們自己的發展，走自己的路。」今天道來，他仍流露出發自內心的喜悅。

一往無前，為了戲劇藝術

　　離開戲劇學院後，King Sir 退而不休，在人生路上，開展新的一頁，做自己喜歡做的工作，繼續投入演戲⋯⋯

　　2002 年，無綫向他招手，問他可有興趣拍電視劇，鍾景輝答應了，演出《Loving You II》、《甜孫爺爺》、《高朋

滿座》等連串劇集。

多年來，King Sir一直都有參與戲劇演出，曾任香港話劇團的藝術顧問。話劇團成立於 1977 年，在第二年，King Sir 便跟他們合作，將彼德舒化的《馬》搬上舞台，既導且演，還兼及劇本的翻譯。他對《馬》情有獨鍾，因為「此劇的主題很前衛，劇本的結構嚴謹有力，戲劇性濃厚，對人物性格的刻劃尤為深刻⋯⋯」。

King Sir 也是香港戲劇協會的創辦人，自 1984 年創會以來，便一直被推選為會長，每年最少也會執導或演出一齣舞台劇。

時至今日，King Sir 導演或演出的舞台劇，已超過一百齣，不過，大多以翻譯劇為主。「我沒寫過劇本，只翻譯過劇本，引入西方的劇本，可作為借鏡。」論及最喜歡的戲，他一口氣數出多齣——

早期有《玻璃動物園》、《推銷員之死》、《小城風光》、《莫札特之死》，近年則有《金池塘》、《承受清風》，還有《相約星期二》⋯⋯

《相約星期二》自 2007 年開始公演後，King Sir 已演出了一百二十多場，他演活了劇中的慕理教授，獲得了第

十七屆香港舞台劇最佳男主角獎。師徒二人，相聚於星期
二，探討人生的問題、生命的意義……，成就了一段動人
的故事。

在導演方面，他會挑選一些描寫人性的劇本，也喜
歡娛樂性比較強的音樂劇，他認為音樂劇有歌、有舞、有
演，比較受觀眾歡迎。例如《夢斷城西》，是他在 1980 年
為香港話劇團導演的音樂劇，也是他引進香港的首個百老
匯音樂劇，結果大受歡迎。

「《夢斷城西》歷久不衰，不斷被搬上舞台，首先要多
謝莎士比亞。《夢》劇是現代版的莎劇《羅密歐與茱麗葉》，
但改編得很好。」

在不同的戲劇崗位中，King Sir 比較喜歡當演員，
「當年我是因為想做演員才念戲劇，主修的是表演。在舞
台上扮演不同的角色，可以經歷很多不同的人生，還有，
無論是創造角色的過程，還是台上台下無形的交流，都是
至高的享受。」

鍾景輝不諱言，他很喜歡莎士比亞，因為他的作品描
寫人性，永不過時。

他演過李察三世，但他最想演的角色，卻是李爾
王——「那不容易演，年輕時缺乏人生經驗，不明白他的

內心感受，到他那種年紀，又欠缺體力去演出那種瘋狂的
行徑……」

談及心儀的演員，在電影方面，他欣賞的有羅拔迪尼
路、阿爾柏仙奴、梅麗史翠普……。年青時，他最喜歡的
是英格烈褒曼，「她不用說話，已渾身是戲。」

「我很欣賞羅蘭士奧利花，他演甚麼角色都活靈活
現，在《李察三世》中的演出更是一絕。」在百老匯舞台，
他也看過慧雲李演出 *Duel of Angels*，「她的台風真的很
好！」對於舞台上的前輩，他更是讚不絕口。

回想當年，King Sir 念中學時，便已立定志向投身戲
劇，「到美國念戲劇，已有心理準備，回香港發展，不知道
可以做甚麼，我告訴自己『豉油撈飯都無所謂』，這是自
己的底線。」

「喜歡一樣藝術，一定要懂得比人多，打穩自己的基
礎，作好準備，否則機會來了，也難以掌握。在戲劇這個
行業，發展並不容易，最重要緊握自己的興趣，然後堅持
下去。」他道出了自己的體驗。

戲劇教育，推動劇場發展

對於現今劇場的發展，King Sir 指出現時局面是「百

花齊放」，不同的人，正在搬演不同風格的戲，亦有不同風格的演出。「當主流開始成為主流，一定有人不喜歡，嘗試走向另外的方向，當這方向成為主流，以前主流便會out……」所有藝術發展的過程都是如此。

近年，本地原創劇的製作日漸增多。「我入行之時，很少人寫劇本，主要是難以為生，到現時也不容易。今時今日，多了嘗試寫劇本的人，與表演、導演、舞台技術等方面比較，編劇的發展較慢。」編劇不易為，要有文學根底，演藝學院亦培養了不少編劇人才，例如莊梅岩，「她是繼杜國威之後，一個相當出色的編劇，她寫的劇本甚好，如《聖荷西謀殺案》、《教授》……」

對劇壇將來的展望，鍾景輝認為，在戲劇藝術上，不應該被觀眾牽着鼻子走，而是應該走在他們的前面。

不過，鍾景輝認為：「現時的香港，觀眾並不足夠，不足以支持戲劇的發展。」解決的方法，就是推行戲劇教育。

「美國在 1994 年已有這方面的討論，他們認為戲劇、音樂、舞蹈等藝術是人生中重要的因素，若沒有受過這些教育，便稱不上『完美的公民』，於是宣佈於 2000 年開始，小學、中學和大學都要有演藝課程，這就是香港所缺乏的……」談及香港的戲劇教育，他不禁搖頭嘆息。

「戲劇教育有很多好處，戲劇不只教人演戲，更是教導我們學習與人相處之道。戲劇是一個綜合性的藝術，要跟後台、導演和其他的演員合作和交流。透過演戲，可以改善與人溝通的技巧，令說話更流利，甚至在面試方面，也會有更佳表現。」

他認為在學校推動戲劇，一定要政府的支持，最理想是在大學設有戲劇選科，在中、小學加入戲劇課程，讓學生認識戲劇，享受看戲的樂趣，養成看戲的習慣，支持劇場的發展。

永不言休，生活更多姿采

在 2016 年 11 月動手術後，熱愛演戲的鍾景輝，於 2017 年 3 月，仍在養病期間，已參與了「演讀體驗劇場」的演出，與學生萬梓良再度合作，以「讀劇」的形式演繹易卜生的經典名作《人民公敵》。

「坐着圍讀劇本，工作不辛苦！」King Sir 笑言。

到 11 月，他還與李銘森聯合執導《小井胡同》，為理工大學慶祝建校八十周年。「《小井胡同》是內地編劇李龍雲的作品，劇本描寫北京城南一條小胡同，自 1949 年至 1980 年的歷史變遷和居民的命運，就好像是老舍《茶館》的

續篇。」King Sir 繼續說。

　　King Sir 是 2013-2014 年理工大學的駐校藝術家，曾於 2014 年 4 月在該校將《茶館》搬上舞台。這次再續未了之緣！

　　人生如戲，戲如人生。鍾景輝縱橫劇壇多年，演活了不同的角色。戲劇，豐富了他的人生，他的人生，亦豐富了香港的戲劇。

　　但願 King Sir 在舞台上，繼續樂在其中，演出不輟！

---

* 除頁 203 圖片由梁佰就拍攝外，本文其他圖片由余俊峰提供，謹此致謝。

鍾 景 輝 簡 介

鍾景輝，原籍廣東台山，成長於香
港，為資深舞台劇演員及導演、戲劇
教育家、電視製作人、電視劇演員及
電視節目主持。曾於香港浸會大學全
職及兼職任教二十三年，亦於香港電
視廣播有限公司、麗的電視及亞洲電
視參與節目製作、演出以至行政等工
作達十六年，並曾擔任香港演藝學院
戲劇學院創院院長十八年。2001年
退休後加入無綫電視為演員，參與多
套電視劇演出。著名的導演作品包括
《夢斷城西》、《劍雪浮生》等。主演
作品包括《推銷員之死》、《金池塘》、
《承受清風》、《相約星期二》、《小城
風光》等。曾八度獲香港舞台劇獎最佳
男主角及四度獲最佳導演獎，並獲頒
香港藝術發展局「終身成就獎」、美
國哈姆斯頓大學榮譽哲學博士學位、
香港公開大學榮譽文學博士、香港演
藝學院榮譽戲劇博士，以及香港樹仁
大學榮譽文學博士。

弟子不為為子弟
德藝俱傳傳藝德
阮兆輝專訪

香港粵劇名伶阮兆輝七歲已入行，早就享有「神童」的美譽，踏足演藝界多年，如今已成為粵劇的「萬能大老倌」，他不但能演活生、淨、丑等行當，亦能編、能導，而且還鍥而不捨地為粵劇播種，從事各種推廣、傳承的工作。

早就想訪問他，但輝哥是大忙人，直到最近，得到朋友的穿針引線，才找到這個檔期，約到他做專訪。

以往見到輝哥，不是在戲台，便是在銀幕或熒屏，訪問那天下午，我們相約在九龍佐敦的「拍板小館」喝茶，他早上在港島區開會後，匆匆趕至。眼前的他架着一副眼鏡，就像一位平易近人的老師，毫無架子，甫坐下來，便侃侃而談，而且知無不言，言無不盡，我們一聊，便聊了大半天。

伶影雙棲

昔日俗語有云：「唔窮唔學戲」，但阮兆輝其實來自富有的大家庭，只因家道中落，七歲被迫輟學。為了幫補生計，遂往投考童星。「家裏沒飯開的感受，現在的小孩完全想像不到……」談及童年往事，輝哥感慨繫之。

他拍的第一部電影是《養子當知父母恩》（永茂電影企業公司，1953 年），後來又加入中聯電影企業有限公司，

1954 年拍《父與子》一片,大獲好評,還在高陞戲院隨片登台,演《山東響馬》。1953-1960 年,不足十年間,他已拍了幾十齣電影,其中有粵語片,也有國語片;有時裝片,也有古裝片;有文藝片,也有歌唱片,甚至有功夫片(黃飛鴻系列電影),可謂戲路縱橫,曾合作過的前輩藝人,多不勝數。

「那時拍電影,片場多設在市區,如『大觀』在鑽石山、『國家』、『萬里』在九龍城,『南洋』(即邵氏)在土瓜灣,大都靠近啟德機場,由於現場錄音的關係,在隔聲設備不足的情況下,所以都在晚上才拍攝……」他娓娓道來,宛在目前。

在片場不斷拍戲,也是不斷的學習,拍《父母心》之時,馬師曾先生曾教導他們一眾後輩,説「做人、做戲,要有三個『本』字」。「三本」指的就是「本錢」,即先天的長相、身材、聲線、聰明等,「本事」,就是後天學

到的、練到的本領，但最重要的卻是「本心」，即是「良
心」。「馬大叔一句說話，便足以影響我的一生。行內人大
多知道，我與天聲唱片公司有一張『一生一世』的合約。
為報答知遇之恩，我心底暗下決定，這輩子就在天聲終
老……」輝哥淡淡道來，卻擲地有聲。

踏入影圈後，除了拍戲，他便開始追隨新丁香耀及靚
少鳳「學藝」，同時又拜袁小田為師「練功」，還到兆兆音
樂學院，跟隨劉兆榮、林鎏、黃滔三位師父「學唱」，他
提到：「榮叔教的是音樂旋律，鎏叔教正宗的『薛腔』，而
滔叔則教『梆黃』格式，現在提點後學，仍沿用滔叔所教
的格式。」

至於如何進入戲行，那就得由鄧碧雲說起。輝哥拍電
影《鳳閣重開姊妹花》（大方影業公司，1954 年）時，與大
碧姐結緣，因而得她關照，安排他在「碧雲天劇團」演出
《梁天來》，飾演凌貴興的兒子。自此，他便算是個戲班
人了。

輝哥一面拍電影，一面做大戲，還天天早起練功、學
唱、學戲，雖然睡得很少，但也只能默默地熬下去。直到
現在，他仍維持這個習慣，大清早便起來工作。

阮氏原是佛山一個大族，父親畢業於名校，學貫中

西。輝哥的文學根柢亦源於其父，父親教導有方，令他知
書識禮，除了教他古文，還培養他的求知慾，使他成為圖
書館的常客，養成閱讀的良好習慣。他只念了兩年書，文
化知識全靠自修得來。「父親是我的偶像、我的老師、我的
信仰……」他一再強調，父親是影響他一生最重要的人。

拜師學藝

經歷了「神童」的光輝階段後，輝哥自覺不能繼續吃
老本，必須要拜師學藝，掌握真本事。他想到「嚴師出高
徒」這句話，決心要找最「惡」的師父，投向全戲行以牛
脾氣出名的「牛榮」麥炳榮。在班政家何少保的引薦下，
輝哥於 1960 年 5 月正式拜麥炳榮為師，成為他的入室弟
子。

師父對他的要求很嚴格，告誡他的第一番話就是：
「你拜師要跟我一起住，要守行規，我每出場，你都要在
虎度門看，我兩邊都不見你，我回來便打你。跟着我，不
准爭地位，不准論人工，總之學好嘢等運行。」

所謂「學好嘢等運行」，即是先要學好、練好功夫，
打穩基礎，有了相當的藝術水平，才等待機緣。

拜師之後，他加入了「大龍鳳劇團」，雖然演的多是

閒角，但他亦全力以赴。輝哥曾說過，拜師二十四年以來，師父從沒讚過他一句，每次看完他的演出，亦例必責罵幾句。無論他自己覺得當日演出如何滿意，亦難逃師父的責罵。大抵是「愛之深、責之切」，師父不想讚壞他而已。如果只是薄責幾句，其實已是說他「演出不錯了」。在責罵聲中成長的輝哥，回想當日師父的教誨，自言一生受用無窮。

實驗粵劇團

近年不少人將輝哥視為保守派，是粵劇傳統的捍衛者。對於這個誤會，輝哥笑着說：「我保護傳統，但從不反對創新！」

他在 1970 年曾與普哥（尤聲普）、威哥（梁漢威）等成立了「香港實驗粵劇團」，在劇本、音樂、燈光、佈景、服裝，以至演出時間等各方面進行改革，有成功亦有失敗，多番嘗試後，令他深深體會到——最重要的是「粵劇戲曲的傳統和程式」。他贊成百花齊放，可創新而不能出軌，不能捨棄傳統。他以「抹古玩」為例，說明「傳統」的可貴。

他與梁漢威情如手足，但被劃分為新舊兩派，他被視為「保守派」，而威哥則被視為「創新派」。

「我們自小玩到大,被波叔(梁醒波)稱為『棺材欖』
(一見就是一對)……不過,對於粵劇,大家有不同的取
向,威哥一直追求創新,負責找新元素,而我就負責保
護傳統的舊東西。」事實上,兩人都是一心想為粵劇找出
路,希望粵劇發展得更好而已。

梨園子弟

自小伶影雙棲,拍過電影,演過不少粵劇,後來甚至
還在台灣當過助導,但輝哥最後卻投身舞台,選定演大戲
作為終身事業,坦言粵劇是他大部分的生命和學問泉源。

他也毫不諱言:「個人的演出可以直接面對觀眾,台
上台下的交流,是至高的享受。」而戲曲中「學之不盡」
的寶藏,亦令他着迷不已。

他提到十多歲時,曾投稿《中國學生周報》,筆名是
「梨奴」,即「梨園奴僕」,至於寫了甚麼,已無法記起。

作為梨園子弟,輝哥在舞台上曾作出很多大膽的嘗
試,除了文武生、小生外,《十五貫》的丑生,以至《宋江
怒殺閻婆惜》的鬚生,他也演得十分當行出色。

談到最喜愛的角色,輝哥舉出《白兔會》的劉智遠、
《評雪辨踪》的呂蒙正、《大鬧廣昌隆》的絨線仔,還有

《白兔會》劇照，飾劉智遠。

《評雪辨踪》劇照，飾呂蒙正。

《販馬記》的趙寵，至於武戲的周瑜、武松，他都喜歡，還有《搶傘》的蔣世隆。劉智遠胸懷大志，偏要受市井小人之氣；呂蒙正滿腹經綸，卻一貧如洗；絨線仔是個小人物，演出時要接近生活，又要顧及戲曲程式，實在不易演繹。

自 1987 年開始，輝哥便執筆撰寫粵劇劇本，其中包括與已故編劇家德叔（葉紹德先生）合作編寫的作品，也有部分作品是參考其他同名劇本改編而成的，至今已完成了二十多齣。在眾多作品中，他最喜歡的是《文姬歸漢》（1997 年，與德叔合寫），其次是《大鬧廣昌隆》（2002 年），他指出最難寫的是《伍子胥》（2003 年），寫吳越春秋的故事，人物眾多，情節豐富，材料難於取捨，所以要分為兩集。

高台教化

　　戲曲是中國傳統的舞台藝術，
將文學、音樂和戲劇表演緊密地結合
在一起，談及戲曲的特色，輝哥認
為「戲曲是一種高台教化」。所謂高
台教化，是指通過戲劇藝術，給予觀
眾道德的、思想的教育。由於古代教
育不普及，在中國的舊社會，大部分
老百姓受到的教化，多來自戲曲，
藉着戲曲表演，透過「唱、做、
唸、打」，也可以教「孝、悌、忠、
信、禮、義、廉、恥」等道德意識。

　　「你向群眾說教，他們可能不會
接受，老師向學生說道理，學生也
不一定會聽，但將事件或歷史透過
戲曲演繹出來，他們便會很容易記
着。若運用得宜，戲曲也可以是一
種很好的教育工具。」輝哥直接道
出個人的看法。

《大鬧廣昌隆》劇照，飾劉君獻。

《趙氏孤兒》劇照，飾程嬰。

《帝女花》劇照，飾周世顯。

即使在現代，我們許多對傳統文化的認知，都來自戲曲舞台，例如《趙氏孤兒》裏講的忠義與友誼，在《帝女花》中，亦體現出忠君愛國之情，可見戲曲也有「助人倫，成教化」的社會意義。

藝以人傳

對於戲曲，輝哥有說不盡的話題，他直言最怕的就是失去傳統，認為「中國戲曲講求抽象」，舞台上沒有實物，只有「一桌兩椅」，它可以是道具，也可以是佈景。中國傳統的戲曲文化，就是通過演員的表演，以抽象的技巧表達出豐富的故事內涵，觀眾買票進場，欣賞的就是演員如何把故事演繹。

他慨嘆：「現時新一代的戲曲表演，在舞台上加進太多西方的東西。」堂皇華麗的大製作，過分講究

佈景、燈光、道具，摒棄了昔日那種簡樸的舞台，演員不再是「眼中有景，心裏有情」，傳統戲曲的表演程式也日漸遭到遺忘。

他也反對現行西方的導演制，雖然以往在「實驗粵劇團」也曾引入導演制，但他認為：「導演的職責在於控制和監察整齣戲的氣氛和進程，並不在督導演員『做戲』……因為戲曲就是戲曲，有自成一派的風格，不同的演員，憑着個人的學養修為，可以有不同的演繹方式，演員是戲曲表演藝術的靈魂，絕對不是傀儡！」

「若再這樣發展下去，中國戲曲便會消失。」雖然已年逾七十，但輝哥仍是老馬有火，愈説愈激動。

他曾經歷過師徒制的嚴格訓練，深刻體會到「藝以人傳」的重要性，「人亡藝亡」是傳統藝術的致命打擊。他認為大部分年青演員的弱點是基本功薄弱，如果唱、做、唸、打的基礎訓練不足，如何能承接先輩的藝術遺產？

薪火永燃

從藝超過六十年，輝哥曾參與多個劇團的演出，還積極投入推廣粵劇的工作。除了在七十年代成立「實驗粵劇團」之外，其後於 1993 年 3 月至 6 月，在高山劇場推行

「粵劇之家試驗計劃」，進行有關粵劇的教育、培訓、推廣、整理資料，以及研究的工作。

計劃當中，「有龍套教習，也有講解示範。更着力修復古老戲，整理傳統劇目，一直發展下去。」自此之後，「粵劇之家」時有演出，還到學校進行各項推廣戲曲的工作。

在 1996 年，他還加入教育署「粵劇教學研究工作小組」，與一班有心人群策群力，期望將粵曲引進中學課程，還安排一系列的相關活動，例如主辦粵劇欣賞會、校際粵曲比賽，出版粵劇教材套，以及進行師資培訓等。「進入學校可以傳遞信息，至少讓年青人知道粵劇到底是甚麼。」

以傳承為己任的輝哥說：「粵劇始創人有句格言，叫『前傳後教』，我學了多少，便要教人，這是責任。」他覺得應做便去做，雖然得失成敗控制不了。

憑着這份熱忱和信念，輝哥在 2006 年成立了「朝暉粵劇團」，目的在培育年輕一代的演員。他在排戲時傾囊相授，至於演員學到多少，就要看每個人的造化。對於他們

的表現，輝哥表示：「每個人的發揮都不同，至少看到大家
都進步了。」

他從不計較回報，自言：「學習戲曲的第一天開始，
我就知道要對自己鍾愛的文化藝術有所承擔。」

近年來，他不但在大學教授粵曲課程，做學生研究論
文的指導老師，又前往粵劇的起源地蒐集資料，拜訪戲曲
前輩萬葉老師，探討「二黃腔」的來龍去脈。西九文化區
的戲曲中心很快開幕，輝哥透露「全國二黃腔研討會」，
已計劃在戲曲中心舉行。

2017 年 7 月，輝哥推出新作《生生不息薪火傳——粵
劇生行基礎知識》。他將先輩傳授的「生」行基礎知識文
字化、影像化，供有志於粵劇藝術的後學，或粵劇教育工
作者，作為參考資料，從而領會傳統粵劇的真善美。

粵劇新秀

2009 年，粵劇獲聯合國教科文組織列入「人類非物質
文化遺產」名錄後，逐漸得到認同，也愈來愈多年輕人對
粵劇產生興趣。自 2012 年開始，香港的八和會館，在政府
的支持下，將油麻地戲院打造成粵劇的搖籃，為新人提供
一個學藝及演出的平台，由六位資深的粵劇老倌擔任藝術

總監（包括李奇峰、羅家英、新劍郎、龍貫天和尹飛燕，當然少不了輝哥），推出「粵劇新秀演出系列」，由總監負責選劇本、講戲、排戲⋯⋯

一言以蔽之，就是言傳身教，將粵劇的表演藝術有系統地傳授予新秀演員，並透過舞台演出，讓他們踏台板，爭取演出的經驗，上演多元化的劇目，亦會舉辦學生專場，以及社區推廣活動，以吸納更多的年輕觀眾。

例如 2017 年 9 月，為紀念唐滌生先生誕生一百周年，輝哥便精選了《蝶影紅梨記》之「窺醉・亭會」及《隋宮十載菱花夢》之「闖宮」，以兩段風格截然不同的選段，透過新秀的演出及導賞講解，讓觀眾賞析唐滌生的優秀劇本，感受其筆下歷久不衰的經典。

戲裏戲外

為了將粵劇推向世界，輝哥與家人合作，組成了一個團隊，創作舞台劇《戲裏戲外看戲班》——「太太鄧拱璧負

責劇本的英語部分，我負責戲班人的對白，女兒慕雪則負責導演」，目的在推廣戲曲。

故事主要描述一個粵劇團到海外演出，當地一個土生土長、不懂中文的華人記者，到後台採訪，由劇團總監以英文向她解釋戲班中的扮相、穿戴、做手、勾臉、紮腳等技藝，生活化地介紹戲曲的價值。

他們選擇了蘇格蘭的愛丁堡藝穗節 (2015 年) 作首演，一連上演了十四天，得到了大家的認同。其後又遠征歐洲，應邀到比利時、荷蘭、意大利等幾個國家演出，並在布魯塞爾皇家音樂學院，以及羅馬大學孔子學院舉行粵劇文化交流講座。

藝術教育

今時今日，輝哥在粵劇藝術上的成就，已是有目共睹。2016 年，他獲得藝術發展局頒發「傑出藝術貢獻獎」，發表得獎感言時，語重心長地說：「希望大家不要以為藝術是玩的！」他指出很多家長都把藝術當成是「玩」的，不少孩子都很有天分，但為了應付公開考試，讀到中三、中四，便開始被禁止參加任何藝術活動，「不是叫孩子不讀書，但藝術教育也是要發展的。」輝哥無奈地說。

輝哥強調粵劇應該從小培訓，最好是在十一、二歲時。長遠來說，他認為香港應該開辦粵劇學校，除教授戲曲外，還應該包括普通學校教授的主要科目，讓家長放心送子女入讀，學生不用放棄學業，又可研習戲曲，學校便可以培養戲曲表演、音樂、填詞、服飾等各方面的人才。

德藝俱傳

在四個多小時的訪談中，從早年的「稚齡輟學、謀生從藝」，聊到今天的「勇闖高峰、藝海揚帆」，從神童到大老倌，輝哥分享了他一段復一段的奮鬥歷程……

梨園子弟白髮新，他的演藝生涯，已跨越了六十年，他的建樹，也同樣跨越梨園，對於教育界、學術界，亦有一定的貢獻。

自 2013 年開始，趁入行六十年，他便下定決心，親自執筆，寫一本「說真話」的自傳，「每日伏案提筆，寫足

阮兆輝攝於香港中文大學利黃瑤璧樓三號演講廳

三篇方罷」。一寫三年,他已於 2016 年推出《弟子不為為子弟》一書,自述半生傳奇,從家族興衰說起,寫出童星往事、戲行軼事……,既剖白對粵劇赤誠之心,亦道出對師長感念之情。

談到未來計劃,輝哥期望成立自己的「工作室」,致力發展推廣粵劇藝術,繼續發光發熱。

昔日做不成弟子,今日的輝哥,德藝俱傳。

---

* 本文圖片由 Jenny So 提供,謹此致謝。

阮 兆 輝 簡 介

阮兆輝，祖籍廣東新會。七歲從藝，
初為電影童星，繼而踏上粵劇舞台，
師承新丁香耀及麥炳榮等粵劇名宿，
曾參與多個劇團的演出。於七十年代
曾創辦「香港實驗粵劇團」，近年更
組織「朝暉粵劇團」，積極培養新秀
演員。他是少數可以跨行當演出的藝
人，曾參演《鳳閣恩仇未了情》、《趙
氏孤兒》、《紫釵記》、《白兔會》等名
劇。畢生與戲曲結緣，演而優則編，
迄今已編撰了二十多齣粵劇，如《文
姬歸漢》、《呂蒙正評雪辨踪》、《大鬧
廣昌隆》、《呆佬拜壽》、《瀟湘夜雨臨
江驛》等。在演出及編劇之餘，亦致
力於粵劇教育、傳承、推廣，以至研
究工作。曾獲藝術發展局傑出藝術貢
獻獎，現為香港八和會館理事會副主
席、香港教育大學榮譽院士，以及香
港中文大學音樂系客座副教授。著作
有《弟子不為為子弟》、《生生不息薪
火傳──粵劇生行基礎知識》等。

李詠茵攝

那些人、那些年、那些事
　從「香港」到「新中國」三部曲
陳冠中專訪

2017 年 10 月底，我忽發奇想，很想訪問陳冠中，於是便以電郵聯絡他。他告訴我，「此刻人在北京，下次回港時間可能是明年四月了。」我們遂約定「保持聯絡」。

2018 年 3 月下旬，側聞他在深圳有演講，於是便問他是否 4 月回港。陳冠中回得很快——「我將於三月三十日傍晚到香港，三十一日全天在深圳，下午與馮偉才在尚書吧座談，四月一日在香港，住在灣仔，二日回北京。」

這次行色匆匆，他竟然願意抽空接受專訪。難得！

我們約好了，愚人節那天在灣仔碰面，他住的酒店，原來就在我工作了十七年半的「胡忠大廈」對面。真巧！

早上九時半，我和一位朋友——來當義務攝影師的 Ada，在酒店大堂等他，然後一行三人，步行到汕頭街，找到一間咖啡店。店子雖小，但咖啡好喝，而且很家庭式，感覺很 cozy。

我們在一角坐下來，邊喝咖啡、邊聊天。

外星人辦的雜誌

談到他當作家的源頭，就從《號外》說起……

陳冠中與早期《號外》人丘世文

　　陳冠中告訴我們，在香港大學念社會學時，已訂閱《村聲》(*Village Voice*)。1974 年畢業後，到波士頓讀「新聞學」。那時候，看了很多地下報紙，例如 *The Real Paper*、*The Phoenix*，這類報紙的內容很豐富，從左翼政治到飲食，以至青年人的生活，都包羅萬有，當中亦有年青一代才懂得欣賞的幽默。

　　其實在香港，六十年代的《中國學生周報》、《年青人周報》，以及七十年代的《70 雙周刊》，都是同類型的刊物，但到 1974 至 1975 年間，它們好像突然消失了，碩果僅存的，好像就只有《年青人周報》。在 1976 年，陳冠中還在 *Star* 當記者時，萌生了一個念頭，就是編一份這樣的刊物，最初模仿《中國學生周報》，以周報形式出版了兩期，然後是六期的雙周刊，但由於發行困難，才改為月刊。

　　他還記得，當時陸離還寫過文章說他們是「外星人辦雜誌」。

　　他跟鄧小宇是《號外》的始創人，後來加入胡君毅，負責美術、攝影，陳冠中是主編，鄧小宇除了寫稿，還負責出謀獻策……

當時，《號外》的編輯部就在灣仔譚臣道「一山書店」內。「丘世文是 1977 年才加入《號外》的，他是我剛進港大時、在利瑪竇宿舍認識的宿友，後來成了好朋友。他當時在『麗的』當行政人員，經我幾番游說，他才加入。」陳冠中笑着說。

到 1980 年，因為胡君毅搞移民，他們正缺人手，結果跑來了一個岑建勳。他自動要求加入當編輯，還帶來了黃仁逵等朋友幫忙做美術，劉天蘭也加入，做時裝特輯。

「當時很多人都是『義工』，因為他們覺得『過癮』，便自動來幫手，例如盧玉瑩、梁家泰、Vivienne Tam……」據陳冠中的回憶，當時還有 Illustration Workshop（插圖社）自告奮勇要替《號外》拍封面。六位在大一學插圖的年青設計師，來當義工，對他的衝擊很大，讓他真正感受到一個設計新時代的來臨。

《號外》的資金有限，可說是艱苦經營，但常常絕處逢生，有人自動投資，例如林秀峰，在「佳視」結束後，大概是 1979 年，他主動致電給他們，想投資十萬元，還將編輯部搬到位於莊士敦道及軍器廠街交界的麗的呼聲大廈去。

「有了投資，《號外》又捱下去……直到廣告名人施養德進來，他大刀闊斧，更改了雜誌的版面，令雜誌變得更前衞、更『高檔』……」

《號外》曾有一期做過一些關於「同性戀」的評論，態度比較開放。Gay Sensibility 吸引了一些讀者，他們願意替《號外》寫文章，當時開了一個專欄叫「少數權利」；也有一位讀時裝的朋友從加拿大回來，願意編一些相關的內容。「當時義務來幫手的，大多是從外國回來、學有專才的『同代人』，如林敏怡、榮念曾、張叔平等。」

縱使這樣，雜誌的生意還是不行，做了七、八年後，大約在 1983 至 1984 年間，美國出現了 Yuppy（優皮）這名詞。「當 Yuppy 產品來到香港，香港的廣告公司便問香港的 Yuppy 媒體在哪裏？那時全部廣告公司都不知道甚麼叫 Yuppy，只知道有一份很奇怪的雜誌叫《號外》，於是便乾脆把《號外》當作 Yuppy，從此將 Yuppy 產品的廣告，全部交給《號外》做。」廣告多了，收支才開始平衡。不過，《號外》自詡「波希米亞」，最初仍有點抗拒「優皮」的標籤。

編劇都為稻粱謀

事實上，早期的《號外》，並沒有為陳冠中帶來金錢

收益，卻讓他在文化界增添了名氣。

在 1981 年，因為第一個兒子出生，不能再沒有收入，他為了謀生，不得不進入電影圈做編劇。

想當年，譚家明説要拍一齣有「尼采遊牧思想、高達紅白藍」的電影，陳冠中替他寫劇本，於是他們「遊走於城市的大街小巷，到處找尋靈感，醞釀了幾個月⋯⋯」

譚家明的要求很高，不斷求變，導致《烈火青春》一直都未能「埋尾」，不斷超支，老闆唯有請來多位編劇高手——金炳興、陳韻文、邱剛健、方令正等「度橋」，構思了「赤軍殺手」的結局，而且找了唐基明拍攝最後一場戲。「電影面世，我的名字只佔了編劇的六分之一⋯⋯」談起往事，陳冠中不禁苦笑起來。

《烈火青春》是香港新浪潮的重要作品，主要演員有張國榮、夏文汐、葉童、湯鎮業，在 1982 年上演時曾轟動一時，因為內容和意識太前衛，引起社會很大的迴響。

陳冠中另一名作，是 1984 年的《等待黎明》，由梁普智導演，演員有周潤發、萬梓良、葉童。至於《上海之夜》，最初本來是他為楊凡編寫的劇本，但楊凡沒拍，轉交「徐克電影工作室」拍攝，徐克請來杜國威、司徒卓漢改編，整個戲的風格都改變了。

攝於八十年代拍電影時，後排居中者為陳冠中。

　　至 1985 年，陳安琪導演，黃秋生、夏文汐主演的《花街時代》，由他編劇。這是陳冠中的轉捩點，自此，他開始轉任電影製作人。

　　他策劃或監製了超過十齣香港片，以及三齣美國片，包括《癲佬正傳》、《聽不到的說話》、《一碗茶》（*Eat a Bowl of Tea*）、《命賤紙貴》（*Life Is Cheap... But Toilet Paper Is Expensive*）等。

　　踏入九十年代，他遊走於香港、台北和北京之間，亦曾擔任《讀書》雜誌海外出版人。

　　1992 至 1994 年間，陳冠中離開電影圈到北京，為當時《明報》的老闆于品海，負責投資媒體的工作。

　　1994 年，陳冠中到台灣去創辦有線電視，因為曾經當過電影製作，如何集資，如何處理預算，全難不到他，一切都開展得很順利。

陳冠中在中文大學周保松教授家

陳冠中與作家金宇澄（左）、孫甘露（右）

　　在台灣時，電視台計劃開拍連續劇《總統的故事》，主角是李登輝，他邀請了張大春及平路，各寫十集內容。「豈料平路交不出功課，張大春雖交了稿，電視劇沒拍成，卻出版了《撒謊的信徒》一書。」結果，陳冠中親自撰寫劇本，敍述李登輝擔任總統前的種種，劇集拍好了，最終沒播映，但這個故事後來由皇冠出版成書。

　　就因為這樣，燃點起他想當作家的念頭。

想當作家不是夢

　　談到寫小說，要追溯到他的大學時代。早在大學時，陳冠中已寫過三篇短篇小說，發表在《學苑》等大學生刊物。不過他第一次投稿，卻是在中學時代，刊於《中國學生周報》的「快活谷」。

　　1978年，他在《號外》發表短篇〈太陽膏的夢〉，反映出當時的香港社會，正急劇轉變，有不少新的消費品出現，主角本是個有理想的青年，但自覺未能有所作為，於是變得頹廢、虛無……

　　相隔二十年，1998年，他在台灣完成了中篇〈甚麼都沒有發生〉，寫一個上海出生的男孩子，成長於香港，變成一個典型的香港行政人員，有知識、有才能，但對切身的

社會問題漠不關心，對感情亦如是。

那個時候的陳冠中，不想再做其他工作，想當作家的念頭愈來愈強，他有強烈的欲望要寫中國。

「台北太舒服了，我捨不得走，但在台灣，我寫不了中國大陸。」陳冠中兩手一攤，咧嘴而笑。

2000 年，陳冠中下定決心離開台灣，選擇在北京定居，開始專心寫作。當時，他寫過多篇關於香港的文章。

2003 年，他寫了〈金都茶餐廳〉，以香港爆發「沙士」為背景，藉着一班烏合之眾發起的茶餐廳救亡運動，與他提出過的「半唐番」、「Can Do 精神」一脈相承。

〈太陽膏的夢〉、〈甚麼都沒有發生〉和〈金都茶餐廳〉——三篇寫於不同年代的小說，反映的是香港的人和事，後來都收錄在《香港三部曲》中。陳冠中將大量的文化符號放進小說中，讓讀者有極多的解讀空間。

遷到北京後，陳冠中原想寫一部關於中國的長篇小說，亦開始了幾個題材，嘗試寫下去，最後卻放棄了。

「試想想，住在不熟悉的北京，寫中國內地的小說，談何容易？」陳冠中毫不諱言。

直到 2008 年，他已在北京居住了八年，目睹中國改革三十年的變化，歌舞昇平的背後隱藏着一絲絲的不安。

2008 是關鍵性的一年，北京奧運、四川地震、西藏問題的刺激下，他將在中國的見聞，加上想像，預言了中國的「盛世」，這個故事帶有濃厚的懸疑色彩，一幕幕的冒險歷程，卻帶有作者的真實經驗。

《盛世》提到中國崛起後，成為經濟繁榮的強國，但人民對某些歷史事件卻全無記憶，背後的諷刺意味，呼之欲出。陳冠中期望這本書能引起讀者反思，希望知識分子可以拒絕遺忘。「能夠發出聲音，總會被人聽到的。」他說。

這部作品在 2009 年在香港出版，在大陸成為禁書。

「既然寫出來，就決定好好寫下去……五十多歲才成為作家，真的比較罕見。」陳冠中笑着說。

然後是 2013 年的《裸命》，寫的是與藏族有關的小說，主要因為中國政府在 2012 年對藏族政策有所改變，激發他的創作。

陳冠中在 1992 年，曾三次到西藏拉薩。他對藏傳佛教，亦有所認識，事緣在 1989 年，哥普拉想拍一套有關十三世達賴喇嘛的故事，陳冠中曾為他蒐集資料，作了些研究，後來電影卻沒拍成。

「裸命」即「赤裸的生命」，同時，亦可指在生命無保障的地方，人的生命隨時會失去，命運亦隨時會改變。

小説中涉及很多西藏現實的問題，有藏人自焚的片段，亦涉及西藏的商業化、藏人的改變。對於這本書，顏純鈎曾説：「以一個外來人看改革開放中國的人間世相，陳冠中看到的，很多香港人都未必看到。」這樣的小説題材，自然不能在中國出版。

除了關注政治之外，陳冠中對於保育議題，亦有所涉獵。《裸命》一書，亦有帶出動物保育的訊息。

早在上世紀八十年代末期，他已經搞環保，機緣巧合下，在 2008 年至 2011 年，曾出任國際綠色和平董事。

至 2015 年，《建豐二年——新中國烏有史》在香港面世，成了他第三本禁書。

説起「新中國」，小時候的他，當然有聽過父親講及國民黨、共產黨的事，對他不無影響。

在上海淮海中路 626 號，有一幢五層高的樓房，這就是他父母的物業，他們一家住在三樓，樓下有地鋪。生於 1952 年的他，在上海度過了最初的四年，直到 1956 年，他們一家才坐火車南下，從上海遷居香港。

論者有謂，《盛世》是反烏托邦小説，此書出版後，他常被邀請到大學演講，曾提出假設性的問題，刺激學生思考——「如果當初國共內戰，贏的是國民黨，歷史會怎樣改

寫？」學生亦想出很多可能性，由此引發了他的創作意念。

「受到學生的啟發，我認為可以此為題，發展成一部小說。」於是，他落實寫出了這部「烏有史」小說。「建豐」是蔣經國的字，建豐二年即 1979 年。假設 1949 年後國民黨在內地執政，直到 1979 年，這三十年間，中國的歷史會如何發展？小說中的七個章節，涵蓋了他想觸及的範疇，若由國民黨管治中國，那會是一個怎麼樣的局面？

在小說中，陳冠中嘗試將歷史改寫，不單想帶出歷史的可能性，而且以古喻今，從過去看未來。

三本寫中國的書，結果沒有一本能在中國出版，「我的理想讀者是中國的知識分子，偏偏他們看不到。不只是遺憾，簡直是悲劇。」陳冠中不忘自我嘲諷。

出版了多部禁書，可有受到壓力？

「落腳北京多年，沒有人向我施壓，至少到今天，亦是如此，至於明天怎麼樣，實在未能預料，但我亦有心理準備……」答案超脫而冷靜。

「我仍然繼續按照自己的想法去寫，不給自己自我審查的壓力，我並不是永遠站在反對的立場來寫，我只想寫出複雜的真相。這個想法是否會被接受，我不清楚，但我會繼續做。」這就是陳冠中！

踏進 2018 年初，他在香港發表了一篇新作——小說〈馬可波囉〉。「馬可波囉」（Marco Polettes）是小說中的人物，由一群因外宣項目而聚在一起的年輕洋書生弄出來的自嘲稱號，從 Polo 生出 Polette（意即小波羅），而小說中的頂頭上司亦戲稱他們為「嘍囉」，諧音轉化成「波囉」。

「這跟自己長期關注的議題和生活接觸面有關。我在北京常見到文化工作者、人文社科學者，他們的處境觸發我寫出這個短篇小說來。」他輕描淡寫地道出創作的根源。

當時只道是尋常

認識陳冠中的文字，當然是從《號外》開始，那時剛念完大學，喜歡看《號外》。

若論面對面暢談，倒是第一次。灰黑色上衣、黑褲黑鞋，跟頭上的白髮是絕配，黑框眼鏡中的雙目，露出謙和、親切的眼神。他談吐溫文、儒雅，我們愈談愈投契，真有點像朋友敍舊……

他雖然比我略為年長，但我們是同代人。

人生路上，伴着我成長的，是《中國學生周報》，他何嘗不是？誰都忘不了，陸離曾帶給我們杜魯福、花生漫畫、莫札特，還有忌廉凍餅……

記得鄧小宇曾寫過，如果他和陳冠中拍電影，一定要將片子獻給陸離。「因為，陸離在我們心目中，比任何一位大師更重要。……我們從陸離處學到一樣比『場面調度』更重要的東西——就是她那份誠意和愛心。」

在成長階段，我們的閱讀經驗何其近似，除了魯迅、朱自清、許地山……台灣的當代作品——不論是瓊瑤的流行小說，還是余光中的詩、白先勇的小說……都是當年的課外讀物。

當然，還有「第一影室」。那些年，大家都不約而同地跑到大會堂劇院，看第一影室放映的電影。曾幾何時，費里尼《八部半》中的夢與回憶，看得我們興奮莫名，也一頭霧水！

在訪談中，他一再強調，對他影響至深的，是歐洲的電影、台灣的小說，還有美國的 Counter Culture。

回溯陳冠中個人的經歷，以及作品題材的改變，我們可以讀到其作品更立體的一面。

陳冠中曾被視為香港知識分子的代表之一，走到內地，又選擇以小說來發聲，可說非常「罕見」。

時至今日，中國仍是他創作的泉源，下一部長篇小說何時面世？他說仍在構思中，不便「劇透」。但願他的新作，不會讓我們等得太久。

攝於香港文學館

站在咖啡店門口,我們握手道別。

說不定,有一天,我會跑到北京,跟着陳冠中和他的
太太于奇,逛農貿市場,買新鮮蔬果去⋯⋯

---

* 頁 241、242 圖片,由李詠茵拍攝;除此以外,本文其他圖片由陳冠中提
  供。謹此致謝。

陳 冠 中 簡 介

陳冠中，原籍寧波，上海出生，成長
於香港。1974 年於香港大學取得社
會科學學士學位後，往美國波士頓大
學進修新聞學。1976 年創辦《號外》
雜誌，並擔任其出版人和總編輯長達
二十三年。他於 1981 年開始劇本創
作，曾監製或策劃十多齣香港電影以
及三齣美國電影，並為香港電影導演
協會創辦人之一。曾住台北六年，現
居北京。著作包括有《香港三部曲》、
《我這一代香港人》、《香港未完成的
實驗》、《馬克思主義與文學批評》、
《盛世：中國，2013 年》、《裸命》、
《建豐二年：新中國烏有史》、《一種
華文 多種諗頭》等。

附錄

各篇定稿日期

篇目	定稿日期
1. 古蒼梧專訪	2015 年 8 月
2. 陸離專訪	2015 年 10 月 （2017 年 12 月修訂）
3. 張曼儀專訪	2015 年 12 月
4. 綠騎士專訪	2016 年 2 月
5. 羅卡專訪	2016 年 4 月
6. 施叔青專訪	2016 年 5 月
7. 杜國威專訪	2016 年 6 月
8. 鍾玲專訪	2016 年 7 月 （2018 年 9 月 23 日作者補誌）
9. 黃仁逵專訪	2016 年 8 月
10. 張秉權專訪	2016 年 10 月 （2018 年 8 月 25 日作者補誌）
11. 許鞍華專訪	2016 年 12 月
12. 陳國球專訪	2017 年 2 月
13. 鍾景輝專訪	2017 年 6 月
14. 阮兆輝專訪	2017 年 9 月
15. 陳冠中專訪	2018 年 4 月

後記

不是沒寫過人物專訪，然而，撰寫一系列的人物專訪，卻始自 2015 年；緣起於《大頭菜》的「向前輩致敬系列」。

這個專題的構思，靈感來自紀錄片《四人行》，而這部影片，說的正是四個香港文化前輩的故事。

每個人都像一本書，都會擁有屬於自己的故事。

每次訪談，都是一次學習的旅程，也是一種享受；每個人物的出現，仿似為我上了一課。

無論是訪問前的準備、資料蒐集，訪問後的構思、文稿撰寫，都花了不少時間、心思……但所得的遠比付出的為多。

撰寫人物專訪，不但拓寬了我的視野，也豐盈了我的世界……

本書收錄了十五個人物專訪，他們來自不同的背景、不同界別，有學者、作家、編輯、導演、編劇、畫家，以及話劇、粵劇演員等，箇中不乏逐夢的人，以生命去譜寫自

己的理想。

訪談的時間，或短或長，刹那的相逢，彼此的心靈，不無契合之處。

在他們身上，我看到了認真專注、寬容並包、全情投入、竭盡所能、鍥而不捨……

在人生旅途上，一路走來的足跡，每個人都不同，也許只是雪泥上留下的指爪……我以字為經，以情為緯，嘗試將他們的腳蹤編織成一幅斑爛的文化畫圖。

這些文化界的前輩，多成長於六、七十年代，大都曾與《中國學生周報》，以編輯、作者，甚或讀者的關係結緣。

年青的讀者，也許不認識《周報》。這是一份以中學生、大專生及青少年為對象的刊物，創立於 1952 年，於 1974 年停刊，前後刊行二十二年，其流風餘韻，影響所及，豈止是一代人而已？今時今日，在許多知識分子心中，仍留下不可磨滅的印象。

在少年時代，遇上《周報》，是一種偶然，也是我一生的轉捩點，它成就了今天的我。想不到，歲月的印記，又在訪談的文字中活起來。

這系列的訪談錄，除了施叔青和鍾玲教授兩篇專訪刊

於《城市文藝》外，餘皆刊於《大頭菜文藝月刊》。在香港本土，開闢一角文藝的園地，殊不容易，感謝梅子、關夢南兩位編輯一直以來的支持。

感謝多位受訪者抽出時間，接受訪問，暢談平生軼事、創作心得，以至治學之道、演出經驗……。邀約訪談的過程中，也曾得到不少師友之助，為我穿針引線，實在感激。

感謝楊鍾基老師的序言，寫作路上，一再得到老師的鼓勵，幸何如之。

書內大部分珍貴照片，多為受訪者提供；另有部分照片，則得自幾位好友的珍藏，於此再謝。

《字旅相逢》得以順利出版，感謝香港藝術發展局提供資助，也感謝義助攝影、校閱的朋友。

還有，感謝正在翻閱本書的你，但願你喜歡我筆下的人物，以及他們的故事。

馮珍今

責任編輯：羅國洪

裝幀設計：胡嘉敏

字旅相逢——香港文化人訪談錄

馮珍今　著

出　　版：匯智出版有限公司

香港九龍尖沙咀赫德道2A首邦行803室

電話：2390 0605　　　傳真：2142 3161

網址：http://www.ip.com.hk

發　　行：香港聯合書刊物流有限公司

香港新界大埔汀麗路三十六號中華商務印刷大廈三字樓

電話：2150 2100　傳真：2407 3062

印　　刷：陽光(彩美)印刷有限公司

版　　次：2019年4月初版

國際書號：978-988-78988-5-6

香港藝術發展局全力支持藝術表達自由，本計
劃內容並不反映本局意見